Scherin Salama Daoud

Abschied, Tod und Trauer

Kompetenzorientierte Materialien für einen einfühlsamen Religionsunterricht

Die Autorin

Scherin Salama Daoud ist Grundschullehrerin und Diplom-Pädagogin; seit 2012 als Klassenlehrerin an einer Kölner Grundschule tätig. Zuvor war sie nach ihrem Studium mehrere Jahre Förderlehrerin an verschiedenen Grundschulen und verbrachte ein Jahr im Ausland. Sie arbeitete vier Jahre als ehrenamtliche Trauerbegleiterin für Kinder und Jugendliche bei „Domino-Zentrum für trauernde Kinder e. V." in Köln.

2. Auflage 2022

AAP Lehrerwelt GmbH
Veritaskai 3
21079 Hamburg
Telefon: +49 (0) 40325083-040
E-Mail: info@lehrerwelt.de
Geschäftsführung: Christian Glaser
USt-ID: DE 173 77 61 42
Register: AG Hamburg HRB/126335

Autorschaft:	Scherin Salama Daoud
Covergestaltung:	TSA&B Werbeagentur GmbH, Hamburg
Fotos:	Scherin Salama Daoud
Illustrationen:	Petra Lefin (Hauptillustratorin); Wibke Brandes (Baum im Winter, S. 14, 42, 84); Barbara Gerth (Bleistifte in Mappe, S. 97, Schmetterling, S. 69, Anker, S. 69, Boot, S. 91); Marion El Khalafawi (Schmetterling, S. 92); Katharina Reichert (Taube, S. 9, 92, Laubbaum, S.69)
Satz:	Satzpunkt Ursula Ewert GmbH, Bayreuth
Druck und Bindung:	Esser printSolutions GmbH, Bretten

ISBN: 978-3-403-20134-2
www.persen.de

Inhalt

Vorwort

„Dafür bist du noch zu klein.", „Das verstehst du noch nicht.", „Du musst jetzt hinausgehen."

oder

„Opa schläft für immer.", „Oma ist jetzt im Himmel.", „Papa ist bei den Engeln und es geht ihm gut."

Dies sind Sätze, mit denen Kinder häufig konfrontiert werden, wenn sie dem Tod begegnen. Sätze, die Kinder mit ihren Fragen, Gedanken und Fantasien alleine lassen und damit Unsicherheiten, verzerrte Vorstellungen und Ängste schüren können. Sätze, die hilfreichen und kindgerechten Gesprächen entgegenwirken.[1]

Geht es um den Tod, versuchen Erwachsene oftmals, Kinder zu beschützen, indem sie ein Geheimnis daraus machen oder den Tod umschreiben. Den Fragen der Kinder wird gerne ausgewichen oder es werden beschönigende Antworten auf Ereignisse gegeben, welche auch uns Erwachsene sprachlos machen.

„Abschied, Tod und Trauer" sind zweifelsohne schwierige Themen. Sie machen traurig, nachdenklich und ängstigen. Doch gerade Kinder benötigen hier Menschen, die offen und ehrlich zu ihnen sind, mit ihnen gemeinsam Fragen formulieren, nach Antworten suchen, aber auch innehalten können, wenn keine – oder keine einfachen – Antworten gegeben werden können. Menschen, die ihnen Möglichkeiten geben, ihre Vorstellungen, ihre Ängste, ihre Wut, ihre Trauer, ihre Gedanken auszudrücken, aber auch ihre Hoffnungen und Trost zur Sprache bringen. Werden Kinder mit ihren Erlebnissen und vielfältigen Gedanken und Gefühlen zum Tod von Erwachsenen allein gelassen, können unwirkliche und beunruhigende Vorstellungen entstehen.

Die Aufgabe der Grundschule ist es an dieser Stelle, der Sprachlosigkeit entgegenzuwirken, welche in vielen Familien bezüglich dieser Thematik vorherrscht. Insbesondere der Religionsunterricht eignet sich, um mit Kindern zum Thema Tod ins Gespräch zu kommen.

Hier können Lehrpersonen die Fragen, Gedanken und Vorstellungen der Kinder in vertrauter Atmosphäre aufgreifen und ihnen gleichzeitig christliche Hoffnungsperspektiven aufzeigen. Dabei geht es im Religionsunterricht nicht darum, den Tod zu umschreiben, ihn zu beschönigen oder gar zu verharmlosen bzw. die Kinder in eine bestimmte Richtung zu drängen. Hören Kinder aber Erzählungen von Menschen, die in verzweifelten Lebenslagen wütend waren, auch auf Gott, tiefe Trauer empfanden, aber auch wieder in der Lage waren, Hoffnung zu schöpfen durch den Glauben und die Nähe anderer Menschen, können sie durch Reflexion dieser Erzählungen gestärkt werden für eigene schwierige Situationen im Leben. Die Bibel bietet uns hier viele Möglichkeiten, geeignete Geschichten, Worte oder Sätze für Kinder auszuwählen, denn sie berichtet von Situationen des Abschieds, des Todes, der Trauer, gleichzeitig aber auch immer von der Hoffnung und dem Glauben der Menschen an Gott.

Das vorliegende Buch möchte Lehrer[2] dabei unterstützen und ihnen Mut machen, sich gemeinsam mit den Kindern den Themen Abschied, Tod und Trauer zu nähern. Das rege Interesse der Kinder lässt viele Zweifel an dem Unterrichtsvorhaben rasch verschwinden und das gemeinsame Fragen und Suchen eröffnet spannende Perspektiven auf kindliche Denkmuster.

Exemplarisch wird anhand von drei Unterrichtsreihen aufgezeigt, wie im 3. oder 4. Schuljahr zu diesem Unterrichtsgegenstand gearbeitet werden kann. Hierzu wird an die Lebenswirklichkeit der Kinder angeknüpft: Ihre Fragen, Vorstellungen und Gedanken sind Ausgangslage für das weitere didaktische Vorgehen. Die Kinder erhalten in einzelnen Stunden Gelegenheit, sich über den Tod zu informieren, Symbole der Hoffnung zu entdecken und Gefühle der Trauer gestalterisch auszudrücken. Die Unterrichtsbausteine können vom Lehrer situativ je nach Lerngruppe ausgewählt sowie variiert werden.

Bevor mit einer Reihe zu dieser Thematik begonnen wird, ist es wichtig, dass sich die Lehrperson mit eigenen Begegnungen, Fragen, Gedanken und Trauergefühlen zum Tod auseinandersetzt – wie auch mit gesellschaftlichen und religiösen Todesvorstellungen. Denn die zuweilen spontanen bzw. überraschenden Fragestellungen der Kinder veranlassen Erwachsene oft zu vorschnellen und unreflektierten Antworten. Hier ist es vor allem hilfreich, im Vorfeld zu überlegen, welche der kindlichen Fragen ehrlich beantwortet werden können und welche letztlich – ebenso ehrlich – unbeantwortet bleiben müssen. Auch auf die Frage *„Was glaubst du, Frau/Herr ..., was nach dem Tod passiert?"* sollte jeder vorbereitet sein.

Scherin Salama Daoud

[1] Vgl. Bell, Anna: Oma ist jetzt ein Stern, stimmt's? Wenn ein geliebter Mensch im Leben eines Kindes plötzlich stirbt (Kap. 4), 2014.

[2] Wir sprechen hier wegen der besseren Lesbarkeit von Schülern bzw. Lehrern in der verallgemeinernden Form. Selbstverständlich sind auch alle Schülerinnen und Lehrerinnen gemeint.

Einleitung

Der Tod ist in unserer Gesellschaft längst zu einem Tabuthema avanciert – das zeigt sich auch in der Schule. Obwohl Kinder mit diesem Thema ungezwungen umgehen, vom Tod ihres Haustieres berichten und mit ihren Fragen zu uns kommen, greifen die meisten Lehrer diese Inhalte nur selten im Unterricht von sich aus auf. Auch manche Eltern reagieren aus den eingangs erwähnten Motiven heraus eher ablehnend, wenn sie davon erfahren, dass im Unterricht eine Auseinandersetzung mit den Themen Tod und Trauer stattfinden soll.

Wer mit Kindern zu tun hat, merkt allerdings schnell, wie sehr Grundschulkinder sich mit dieser Thematik beschäftigen. Dabei begegnen sie dem Tod auf ganz unterschiedliche Art und Weise:

Wie kleine Forscher stehen mehrere Kinder auf dem Schulhof um eine auf dem Boden liegende Biene herum und schauen ihr beim Sterben zu. Einige Schüler bewaffnen sich mit kleinen Stöcken und stupsen das Tier immer wieder an, schließlich müssen sie schauen, ob es noch lebt. Die Kinder sind aufgeregt und unterhalten sich angeregt über das, was da gerade passiert.

Ein Kind kommt bitterlich weinend zur Schule und erzählt, dass sein Hund eingeschläfert wurde. Im Unterricht muss es immer wieder an den Hund denken und heftig weinen. Einige Tage später ist das Kind so mutig und bringt ein Bild von seinem Hund mit. Es erzählt den anderen Kindern im Sitzkreis, dass der Hund gestorben ist und findet schnell Kinder, die schon Ähnliches erlebt haben und davon zu erzählen beginnen. Das tröstet ein wenig.

Auf dem Weg zur Schule hat ein Mädchen ein totes Eichhörnchen gesehen. Es ist erschrocken und erzählt den anderen Kindern aufgeregt davon. Das Mädchen fragt sich, was dem armen Eichhörnchen wohl passiert sein könnte. Die Kinder spekulieren: Vielleicht war es krank oder ein Fuchs könnte es getötet haben.

Ein anderes Kind kommt morgens nicht in die Schule, weil es mit den Eltern zur Beerdigung der Oma geht. Am nächsten Tag ist es besonders still und zieht sich zurück.

Ein Junge erzählt, dass er tote Tiere in einer kleinen Kiste sammelt und bereits tote Fliegen, Spinnen und andere Kleintiere dort aufbewahrt. Manche Kinder finden das eklig, andere lustig.

Ein Kind berichtet in der Pause anderen Kindern von einem Bild aus dem Internet. Auf dem Bild war das Grab eines Kindes zu sehen. Sie sprechen über Kriege und verschiedene Krankheiten, die auch Kinder bekommen können.

Dies sind nur einige exemplarische Eindrücke aus einem ganz normalen Alltag an einer Grundschule. Kinder treffen mittelbar oder auch unmittelbar auf den Tod, auch wenn Erwachsene versuchen, sie davon fernzuhalten und ein Geheimnis daraus machen. In der Natur werden Kinder zu kleinen Forschern, die versuchen, die Bewegungslosigkeit toter Tiere zu ergründen und zu verstehen; dies ist meist der einzige Ort, an dem Kinder noch unmittelbar auf den Tod treffen. Während die Menschen zu früheren Zeiten zu Hause im Kreise der Familie gestorben sind, ist das Sterben durch die Gesellschaft zusammen mit Krankheit und Alter inzwischen zusehends in spezialisierte Institutionen verlagert worden, in Krankenhäuser, Altenheime, und Hospize also; dadurch ist der „reale" Tod, vor allem von Menschen, für Kinder kaum mehr präsent.[3] Bilder aus den Medien konfrontieren Kinder dennoch ständig mit dem Tod. Vor allem in Filmen und Computerspielen begegnet er ihnen und beeinflusst ihre Gedankenwelt. Dies führt u. U. zu unklaren und wenig realistischen Ansichten über den Tod und dessen Ursachen und Auswirkungen.[4]

Wenn Erwachsene nicht mit Kindern über den Tod sprechen, konstruieren sich Kinder zwangsläufig ausschließlich aus den unterschiedlichen Informationsfetzen, die sie aus den verschiedensten Quellen aufgreifen, ihre eigenen Vorstellungen. So äußerte

[3] Vgl. Feldmann, Klaus: Tod und Gesellschaft. Sozialwissenschaftliche Thanatologie im Überblick, 2004, S. 33. und Iskenius-Emmler, Hildegard: Psychologische Aspekte von Tod und Trauer bei Kindern und Jugendlichen, 1988, S. 146.

[4] Vgl. Döngens, Katja/Jendorff, Bernhard: Das Thema „Tod" in religionsdidaktischer Perspektive. Beispiel: Primarstufe, in: Der evangelische Erzieher (45), 1993, S. 668.

Einleitung

ein Junge im Unterricht beispielsweise, dass er *immer, wenn jemand in seiner Familie stirbt, das Gefühl habe, dass er Schuld sei.*

Kinder haben großen Gesprächsbedarf zu diesem Thema, denn rasch entstehen auch Schuldgefühle, wenn sie keine Informationen erhalten. Kinder sehen viele Bilder, die sie beunruhigen, ängstigen und die sie nicht einordnen können. Oft werden sie völlig alleine mit diesen Bildern und Gedanken gelassen, ihre Fragen werden unterdrückt und Emotionen bleiben in der Folge unausgesprochen und unverarbeitet. Gerade in einer Zeit, die von Unruhe und Hektik geprägt ist, die keine Stille mehr zulässt und aushält, wird es immer schwieriger, mit der nötigen Ruhe, Geduld und Ausführlichkeit über Verluste, die eigene Trauer und empfundene Gefühle nachzudenken und zu sprechen. Kinder benötigen diese Zeiten, die ihren Fragen gewidmet sind und Phasen der Ruhe und Besinnung ermöglichen.

Der Religionsunterricht kann helfen, die gesellschaftlich bedingte Tendenz zur Tabuisierung des Todes zumindest ein Stück weit aufzulösen, indem er Raum schafft für diese ernsthaften Themen und Kindern Möglichkeiten bietet, eigene Gefühle zu erspüren und Stille zu erfahren. Hier sind vor allem die Religionslehrer gefragt, sich diesem Thema anzunehmen, einen Austausch mit Kollegen anzuregen und auch Eltern aufzuklären und zu informieren.

Um mit Kindern über die Themen „Abschied, Tod und Trauer“ ins Gespräch zu kommen, eignen sich Bilderbücher, Geschichten, Gedichte, Bildbetrachtungen oder aber auch nur einzelne Wörter oder Sätze, die zum Nachdenken und Weiterfragen anregen. Es gibt zweifelsohne zahlreiche Möglichkeiten, dennoch ist es oft nicht leicht, einen zur Lerngruppe passenden Gesprächsanlass zu finden: Ein geeignetes Bilderbuch muss ausgewählt werden, die Kinder bringen unterschiedliche Erfahrungen zu dieser Thematik mit, die Zeit ist mal wieder knapp, es besteht die eigene Scheu, sich mit diesem schwierigen Thema auseinanderzusetzen und zusätzlich sollen noch die Kompetenzerwartungen des Lehrplans erfüllt werden. Der Lehrer steht hier vor vielen Herausforderungen. Mit diesem Buch soll Lehrpersonen eine Hilfestellung gegeben werden, die auch zu neuen Ideen inspirieren soll.

Neben der persönlichen Auseinandersetzung ist es für Lehrpersonen hilfreich, wenn sie sich zunächst mit den Todesvorstellungen von Grundschulkindern sowie dem kindlichen Trauerverhalten beschäftigen. Viele Jahre wurde davon ausgegangen, dass ein Kind den Tod noch nicht verstehen könne und von diesem Thema besser ferngehalten werden solle. Folglich wurde auch die kindliche Trauer von Erwachsenen lange Zeit nicht wahr- und ernstgenommen.[5] Wissenschaftliche Untersuchungen belegen jedoch inzwischen, dass bereits Säuglinge und Kleinkinder Verlusterfahrungen durchleben und entsprechende physische und emotionale Reaktionen zeigen. Kinder, auch im Grundschulalter, äußern ihre Trauer anders als Erwachsene. Dies bedeutet allerdings nicht, dass sie nicht trauern.[6] Gerade weil ihr Verhalten manchmal für Erwachsene schwer nachvollziehbar ist, sollten sich Lehrpersonen mit dieser Thematik befassen.

Die ersten Kapitel dieses Buches informieren daher über die Entwicklung von Todesvorstellungen bei Kindern und deren Verhalten in einem Trauerfall (**Kap. 1.1 sowie 1.2**). Weitere Literatur kann zur Vertiefung hinzugezogen werden. Dieses Wissen unterstützt Religionslehrer dabei, Kinder und ihre Vorstellungen, aber auch deren Reaktionen besser zu verstehen und entsprechend auf sie einzugehen.

Bei einer Unterrichtsreihe zum Tod kann es, da es sich um ein sehr persönliches und emotionales Thema handelt, nicht um Leistungsmessung gehen. Dennoch beobachtet der Lehrer aufmerksam jeden einzelnen Schüler, nimmt wahr, bei welchen Inhalten besonderes Interesse gezeigt wird, weshalb Kinder auf bestimmte Aspekte entsprechende Reaktionen zeigen, welche Arbeitsergebnisse entstanden sind und wo ein Lernzuwachs stattgefunden hat. Einige exemplarische Fragen und Notizen der Kinder zu ihrem Vorwissen werden in diesem Buch (Seite 15) dargestellt, um Lehrpersonen für die eigene Planung einen Überblick darüber zu vermitteln, von welchen Fragestellungen sie ausgehen können. Dies hilft, ein Gefühl bzw. einen ersten Eindruck dafür zu entwickeln, welche Aspekte die Gedankenwelt der Kinder zu diesem Thema besonders beschäftigen könnten und mit welcher „Fragenflut“ u. U. zu rechnen ist.

[5] Vgl. Plieth, Martina: Kind und Tod, Zum Umgang mit kindlichen Schreckensvorstellungen und Hoffnungsbildern, 2002, S. 103.

[6] Vgl. Röseberg, Franziska/Müller, Monika (Hg.): Handbuch Kindertrauer. Die Begleitung von Kindern, Jugendlichen und ihren Familien, 2014, S. 21 ff.

Einleitung

Bevor das Thema Tod im Unterricht behandelt wird, sollten zudem einige wichtige Aspekte vorüberlegt, geplant und vorbereitet werden:

- Sollen die Eltern über das Unterrichtsvorhaben informiert werden?
- Ist ein Friedhofsbesuch als außerschulischer Lernort geplant?
- Welche Rituale und Lieder eignen sich für den Stundenbeginn und welche zum Ausklang?

Das **Kapitel 2.1 Vorbereitung und Planung** greift diese und weitere Aspekte auf und bietet dem Lehrer Hilfestellung und Unterstützung bei der Vorbereitung der jeweiligen Unterrichtsreihe. Dort finden sich beispielsweise Kopiervorlagen für Elternbriefe, welche über den Beginn der Reihe sowie einen etwaigen Friedhofsbesuch informieren, aber auch für ein Begleittagebuch, das jedes Kind zu Beginn einer Reihe erhalten soll, um eigene Fragen, Gedanken und Bilder sammeln zu können.

Das **Kapitel 2** beinhaltet praktische Handreichungen zur Durchführung zweier verschiedener Unterrichtsreihen zu den Themen Tod und Trauer, denen vier einleitende Unterrichtsstunden zum Thema „Abschied" vorangestellt sind (**Kap. 2.2**). Letztere eröffnen die Gelegenheit, ausgehend von der Erfahrungswelt der Kinder, welche sicherlich bereits vielfältige Begegnungen mit Abschieden umfasst, auch nach und nach auf „Abschiede für immer" und dergestalt schließlich auch auf den Tod zu sprechen zu kommen. Der Umfang der einleitenden Unterrichtsstunden zum Thema Abschied kann bei Bedarf auch lediglich auf die ersten beiden Stunden begrenzt werden, denn oft kommen Kinder schon bei einem ersten Gespräch über Abschiede von sich aus auf das Thema Tod zu sprechen. Die Erfahrungen der Kinder kann die Lehrperson dann aufgreifen und inhaltlich den Schwerpunkt auf Abschiede für immer setzen. Alternativ können die Unterrichtsstunden zum Thema Abschied im Übrigen durchaus auch isoliert und losgelöst von der Todesthematik als eigene kurze Unterrichtsreihe durchgeführt werden, um das Thema Abschied so fokussiert zu behandeln – beispielsweise im Rahmen der Vorbereitung des Abschiedsgottesdienstes der Viertklässler.

Die beiden hieran anknüpfenden Unterrichtsreihen zum Tod stellen jeweils die Fragen, die Vorstellungen und Gedanken der Kinder in den Mittelpunkt und geben den Kindern bewusst viel Raum, sich auszudrücken. Die erste Reihe (**Kap. 2.3.1**) enthält eine Auswahl zweier Geschichten, zum Tod eines Haustieres und zum Tod der Großmutter, die in Verbindung mit einer Bildbetrachtung für einen Gesprächsanlass als Einstieg genutzt werden können. Aber auch ein freier Einstieg ist denkbar, bei dem nur mit Wort- und Satzkarten gearbeitet wird. An dieser Stelle kann die Lehrperson ganz frei entscheiden, wie sie mit ihrer Lerngruppe ins Gespräch kommen möchte.

Die zweite Unterrichtsreihe (**Kap. 2.3.2**) zeigt exemplarisch, wie mit einem Bilderbuch zu dieser Thematik gearbeitet werden kann. Hierfür wurde das Bilderbuch „*Abschied von Rune*" gewählt. Nähere Informationen zum Buch finden sich im entsprechenden Kapitel. Beide Reihen greifen die Themen „Beerdigung" und „Friedhof" auf, dabei lernen die Kinder u. a. die Bedeutung eines Friedhofes für die Menschen kennen und werden über christliche Bestattungsrituale informiert. Inhaltlich beziehen sich einige dieser Stunden in Unterrichtsreihe 1 auf die Auferstehungshoffnung der Christen und die Totengedenktage. Zudem wird gezeigt, wie zu dem Gefühl der Trauer in einzelnen Stunden mit den Kindern gestalterisch gearbeitet werden kann. Diese Herangehensweise ermöglicht den Kindern zum einen, sich mit eigenen Erlebnissen auseinanderzusetzen, zum anderen aber auch, sich in andere Menschen hineinzuversetzen. Zudem werden Möglichkeiten des Trostes in die Überlegungen einbezogen. Als besonders kostbar hat sich dabei die Arbeit mit den Kindern zu einzelnen Psalmworten der Klage und des Trostes herausgestellt, denn diese Worte aus der Bibel helfen den Kindern, eigene Worte oder Bilder für Erlebnisse und Gefühle zu finden und sich auszudrücken. Die Klageworte lassen Raum für Gefühle der Verzweiflung und für Ängste, gleichzeitig eröffnen Trostworte aber auch wieder Hoffnungsperspektiven.[7] In der zweiten Unterrichtsreihe finden sich einige Impressionen zu der Arbeit mit Psalmen im Religionsunterricht.

7 Vgl. Baldermann, Ingo: Wer hört mein Weinen? Kinder entdecken sich selbst in den Psalmen, 2013.

1. Kinder begegnen dem Tod

1.1 Kindliche Todesvorstellungen im Grundschulalter

Kinder kommen mit ganz unterschiedlichen, individuellen Vorstellungen vom Tod in die Grundschule. Diese Vorstellungen entwickeln sich nicht einheitlich und gradlinig, vielmehr sind sie abhängig von verschiedenen familiäreren bzw. psychosozialen, kulturellen und religiösen Einflüssen, aber auch emotionale und kognitive Faktoren spielen bei der Entwicklung kindlicher Todesvorstellungen eine bedeutsame Rolle. Jedes Kind erlebt Abschiede, Trennungen und den Tod auf seine individuelle Weise und baut sich aus seiner Erfahrungswelt eigene Vorstellungen.[8]

Der Thanatologe Joachim Wittkowski sammelte Begriffe, Vorstellungen und Bilder, die Kindern zur Beschreibung und Erklärung des Todes zur Verfügung stehen und die sie zu einem Todeskonzept zusammenfügen. Letzteres definierte er wie folgt:

„Die Gesamtheit aller kognitiven Bewusstseinsinhalte (Begriffe, Vorstellungen, Bilder), die einem Kind oder einem Erwachsenen zur Beschreibung und Erklärung des Todes zur Verfügung stehen. Das Todeskonzept beinhaltet eine kognitive Komponente, an der primär Wahrnehmung und Denken beteiligt sind, sowie eine emotionale Komponente, welche die mit einzelnen kognitiven Inhalten des Todeskonzeptes verbundenen Gefühle abdeckt."[9]

Demnach bleibt der Tod für Kinder zunächst ein Begriff. Erst im Laufe der Entwicklung werden Vorstellungen, Erfahrungen und Empfindungen im Geist kategorisiert und zu einem Konzept, d. h. zu einem Plan oder Entwurf von der Erfahrungswelt, zusammengefasst. In dem kindlichen Todeskonzept sammelt sich das, was das Kind vom Tod weiß und was es durch Fantasiebildung, Antizipation oder Erfindung aus bereits vorhandener Erfahrung abgeleitet hat. Es kann als mehrdimensional strukturiert angesehen werden. Die empirische Forschung unterscheidet mehrere Komponenten des Todeskonzeptes, sog. Subkonzepte, die sich parallel zu dem Erwerb von Bewusstsein und einer Vorstellung vom Leben in seinen biologischen, biografischen und sozialen Bezügen entwickeln.[10]

Das Todeskonzept umfasst vier Dimensionen

Die Psychologie des Todes geht davon aus, dass ein reifes Todeskonzept aus vier Dimensionen besteht. So wird die erste Dimension *„Nonfunktionalität"* genannt, also die Erkenntnis, dass alle lebensnotwendigen Funktionen eines Wesens mit dem Eintritt des Todes aufhören. Die Zweite wird als *„Irreversibilität"* bezeichnet und meint die Einsicht in die Unumkehrbarkeit des Ereignisses. Unter der dritten Dimension, der *„Universalität"*, wird das Bewusstsein verstanden, dass alle Menschen ausnahmslos sterblich sind. Und die *„Kausalität"* als vierte Dimension betrifft schließlich das Wissen um die Ursachen des Todes.[11] Diese vier Dimensionen helfen Erwachsenen dabei zu verstehen, wie das Kind im Laufe seiner Entwicklung und analog zu den durchlebten Erfahrungen sukzessive sein Todeskonzept aufbaut. Erst ab dem Jugendalter allerdings können demnach alle vier Dimensionen weitgehend erfasst werden.[12]

Da es in diesem Buch um Grundschulkinder geht, wird im Folgenden die Entwicklung der Todesvorstellung von Kindern dieses Alters (zusammengefasst aus verschiedenen Quellen) überblicksartig betrachtet. Es sei an dieser Stelle allerdings noch einmal betont, dass jedes Kind seine Vorstellungen vom Tod individuell entwickelt und diese von den Erfahrungen des Kindes und den auf es einwirkenden Einflüssen abhängt. Es gibt in diesem Sinne keine altersspezifischen Todesvorstellungen.[13] Die Ausführungen sind also nicht als feststehendes, allgemeingültiges Regelwerk zu verstehen.

Kinder entwickeln mit Eintritt in die Grundschule ihr bereits erworbenes Todeskonzept weiter. Ihr Wissen von der Welt und damit auch vom Tod erweitert sich in dieser Zeit, da Kinder vielfältige Veränderungen erleben. Das egozentrische, von der Fantasie geprägte Weltbild rückt allmählich in den Hintergrund, der Zugang zur Welt wird realistischer.[14] Die Ansichten anderer Erwachsener oder Mitschüler gewinnen an Bedeutung für die Entwicklung. Das Kind erhöht in diesem Alter die Anzahl seiner sozialen Beziehungen, es erobert sich einen größeren Lebensraum, der sich nicht mehr ausschließlich auf die Eltern als einzige Bezugspersonen beschränkt. Die Eltern behalten jedoch nach wie vor die Funktion der sicherheitsgebenden Basis, von der aus Erkundungen unternommen werden können, zu der das Kind aber jederzeit wieder zurückkehren kann.[15] Das Denken der Kinder

[8] Vgl. Specht-Tomann, Monika/Tropper, Doris: Wir nehmen jetzt Abschied. Kinder und Jugendliche begegnen Sterben und Tod, 2013, S. 59.
[9] Wittkowski, Joachim: Psychologie des Todes, 1990, S. 44.
[10] Vgl. Wittkowski, Joachim: Psychologie des Todes, 1990, S. 49.
[11] Vgl. ebd.
[12] Vgl. Schwarz, Elisabeth: Die Entwicklung des kindlichen Sterblichkeitswissens. In: Loccumer Pelikan. Religionspädagogisches Magazin für Schule und Gemeinde, 4/2003, S. 201.
[13] Vgl. Kipenheuer, Kaspar: Kindliche Todesvorstellungen. In: Schindler, Regine: Tränen, die nach innen fließen. Mit Kindern dem Tod begegnen. Erlebnisberichte betroffener Kinder und Eltern 1993, S. 71.
[14] Vgl. Specht-Tomann, Monika/Tropper, Doris: Wir nehmen jetzt Abschied. Kinder und Jugendliche begegnen Sterben und Tod, 2013, S. 63 ff.
[15] Vgl. Hennecke, Elisabeth: Ein Kind lernt mit dem Tod zu leben. Religionspädagogische Überlegungen zum Elternverlust, 1987, S. 19.

wird zunehmend von „Wenn-dann"-Schlüssen geprägt, z. B.: *„Wenn Frau Gruber sterben kann, dann kann auch meine Mutter sterben."*[16]

Der Unterschied zwischen Leben und Tod wird immer genauer verstanden und die Endgültigkeit des Todes zunehmend erkannt. Dies hängt auch mit dem kindlichen Raum-Zeitverständnis zusammen, welches sich immer stärker ausprägt. Aber auch wenn der Tod nun realer erfasst werden kann, spielen nach wie vor immer wieder Fantasievorstellungen eine Rolle und auf emotionaler Ebene wird der Tod nur schwer akzeptiert.[17] Grundschulkinder sind erschrocken und fasziniert zugleich von der Bewegungslosigkeit, die mit dem Tod einhergeht. Sie begreifen, dass die Körperfunktionen mit Eintritt des Todes aufhören und zeigen großes Interesse an den äußeren Begleitumständen des Todes: Grab, Leiche, Sarg, Friedhof etc., welche sie auch als „gruselig" empfinden und bezeichnen. Die Frage nach dem Ursache-Wirkungs-Prinzip rückt in den Vordergrund und als ursächlich für den Tod werden in erster Linie äußere Einflüsse wie Unfälle, Krieg, Mord etc. identifiziert. Der Tod wird häufig noch personifiziert als *„schwarzer Mann"*, *„Teufel"*, *„Sensenmann"*, *„Skelett"* oder *„Knochenmann"*.[18] Das Wissen um den Zerfall des Leibes macht vielen Kindern Angst. Eine zunehmende negative Besetzung des Todesbegriffs ist festzustellen. Ursächlich hierfür ist häufig die Begegnung mit dem Tod eines geliebten Haustieres oder Menschen, den Kinder in diesem Alter häufig erstmals mittelbar oder unmittelbar erleben. Die Angst des Kindes vor dem Verlust der eigenen Eltern entsteht sowie die Furcht vor der damit möglicherweise einhergehenden Einsamkeit bzw. der Verlassenheit. Grundschulkinder denken mit zunehmendem Alter über das Leib-Seele-Problem nach und entwickeln unabhängig von der Religion erste Unsterblichkeitsgedanken.[19]

Das Todesverständnis von Kindern wird oft durch Medien beeinflusst

Das Todesverständnis des Kindes wird u. U. durch Medien stark beeinflusst. Je nachdem, welchen medial vermittelten Eindrücken Kinder – oft völlig alleine – ausgesetzt werden, entstehen möglicherweise unklare und verzerrte Vorstellungen zum Tod. In Abhängigkeit vom Konsumverhalten können Medien eine ständige Präsenz von Tod, Kampf, Krieg, Mord und Gewalt in der Wahrnehmungswelt der Kinder herstellen und so je nach Kind entweder zu starken Ängsten führen oder aber durch eine gewisse „Veralltäglichung" des Todes u. U. auch eine Desensibilisierung und Distanz diesem gegenüber schaffen.[20]

Trotz dieser virtuellen bzw. medial vermittelten Dauerpräsenz des Todes (bei oftmals gleichzeitiger Abwesenheit realer, unmittelbar erfahrbarer Begegnungen mit dem Tod), erhalten Kinder seitens der Erwachsenen gemeinhin kaum Gelegenheit, Verständnisfragen zu stellen und das Wahrgenommene im Rahmen realistischer Todesvorstellungen zu verarbeiten und zu bewerten. In der Folge findet eine Auseinandersetzung mit dieser Thematik meist nur oberflächlich statt. Dies führt u. U. zu unklaren und wenig realistischen Ansichten über den Tod und dessen Ursachen und Auswirkungen. Bei einer primär medialen Vermittlung der kindlichen Todesvorstellungen wird der Tod fast ausschließlich mit Gewaltszenen in Verbindung gebracht, schließlich sind Krankheiten als Todesursache in den von Kindern konsumierten Unterhaltungsmedien in der Regel eher unterrepräsentiert. Für viele Kinder gehören Krieg und Gewalt zu einem „normalen" Sterben, das ausschließlich auf äußere Einflüsse zurückgeführt wird. Zudem scheinen Tote in Filmen und Spielen ohne Weiteres wieder lebendig oder selbst trotz schlimmster Verletzungen schnell geheilt werden zu können. Hier ist das Kind auf weitere Informationen und Erklärungen der Erwachsenen angewiesen, um den Begriff Tod mit wirklichkeitsnahen Vorstellungen zu verbinden.[21]

Auf Seite 10 wird eine Übersicht der Entwicklung kindlicher Todesvorstellungen dargestellt. Die damit einhergehende Einstufung in Altersgruppen ist jedoch nicht als fixes und für jedes Kind gleichermaßen gültiges Regelwerk zu betrachten, da das Alter wie bereits geschildert nicht alleine für den Entwicklungsprozess maßgeblich ist. Vielmehr dient diese auf Basis verschiedener Quellen[22] erstellte Übersicht lediglich einer ungefähren Orientierung, wobei die Altersangaben als Richtwerte zu lesen sind.

[16] Vgl. Specht-Tomann, Monika /Tropper, Doris: Wir nehmen jetzt Abschied. Kinder und Jugendliche begegnen Sterben und Tod, 2013, S.75.

[17] Vgl. ebd.

[18] Vgl. Schwarz, Elisabeth: Die Entwicklung des kindlichen Sterblichkeitswissens. In: Loccumer Pelikan. Religionspädagogisches Magazin für Schule und Gemeinde, 4/2003, S. 200.

[19] Vgl. Specht-Tomann, Monika/Tropper, Doris: Wir nehmen jetzt Abschied. Kinder und Jugendliche begegnen Sterben und Tod, 2013, S.75.

[20] Vgl. Itze, Ulrike/Olieth, Martina: Tod und Leben. Mit Kindern in der Grundschule Hoffnung gestalten, 2002, S. 8 ff. und Daum, Egbert: Kind und Tod. In: Grundschule 2003. Heft 11, S. 25.

[21] Vgl. Lämmermann, Godwin: Über den Tod reden mit Grundschulkindern? Elemente einer didaktischen Analyse zum Thema, in: Der evangelische Erzieher. Zeitschrift für Pädagogik und Theologie. Tod und Trauer, 45, S. 657.

[22] Zusammengestellt aus: Schwarz, Elisabeth: Die Entwicklung des kindlichen Sterblichkeitswissens. In: Loccumer Pelikan. Religionspädagogisches Magazin für Schule und Gemeinde, 4/2003; Specht-Tomann/ Tropper, Doris: Wir nehmen jetzt Abschied. Kinder und Jugendliche begegnen Sterben und Tod, 2013, Spiecker-Verscharen, Ingun: Kindheit und Tod. Die Konfrontation mit dem Tod in der modernen Kinderliteratur, Frankfurt/Main, 1982. Michel, Katrin (Hrsg.): Tod und Trauer in der Schule – Eine Handreichung; Trauernde Kinder Schleswig-Holstein (e. V.), S. 11.

1. Kinder begegnen dem Tod

Entwicklung kindlicher Todesvorstellungen[23]

Kind bis zwei Jahre

- Tod ist ein abstrakter Begriff
- es kann nicht zwischen belebt und unbelebt unterschieden werden
- Endgültigkeit wird kognitiv noch nicht erfasst
- fehlendes Zeitverständnis
- Verlust wird stark emotional erlebt; Verlustangst
- Reaktionen auf Verluste: Unruhe, Schreien, Schlafstörungen, Daumenlutschen, Suchverhalten etc.

Kind zwischen zwei und vier Jahren

- zeigt Interesse für den Tod und kennt das Wort
- entwickelt Vorstellungen von belebt und unbelebt
- Tod ist ein vorübergehender und reversibler Zustand (Reise, Schlaf), wird nicht als definitives Ende betrachtet
- Totsein = Fortsein, beinhaltet aber auch Wiederkommen; Reaktionen auf Verluste: Warten auf Rückkehr, Wut, Zorn, Apathie, Angst
- Totsein bedeutet das Fehlen von Eigenschaften, die lebendigen Wesen zugeschrieben werden
- Zeitvorstellung noch nicht vorhanden
- animistische Todesvorstellungen überwiegen
- Gedanken an eigenen Tod werden eher zurückgewiesen

Kind zwischen vier und sechs Jahren

- der Todesbegriff wird allmählich detaillierter
- Tod bedeutet Trennung und wird mit einem Ende in Zusammenhang gebracht
- leblose Dinge können noch für lebendig gehalten werden (sich Sorgen machen, dass Tote nicht aus dem Sarg kommen)
- magisches, egozentrisches Denken
- Zeitverständnis noch unzureichend
- sachliche Neugierde gegenüber dem Tod steigt
- bezieht den Tod noch kaum auf sich

Kind zwischen sechs und sieben Jahren

- unterscheidet zwischen belebt und unbelebt
- differenziertere Auffassung vom Tod
- Tod wird oft noch personifiziert („*Böser Mann*", „*Sensenmann*")
- Endgültigkeit wird zunehmend erkannt
- eindeutige Gefühlsreaktionen
- Tod/Sterben wird negativ besetzt und erlebt; Entstehen von Todesfurcht
- Möglichkeiten des eigenen Todes wird zunehmend erkannt; spielt auch mit der Idee des eigenen Todes
- Ursächliche Zusammenhänge werden hergestellt

Kind zwischen acht und neun Jahren

- realistisches Todeskonzept bildet sich aus
- Tod wird als endgültiges Ende des Lebens definiert
- Zeitverständnis weitgehend vorhanden
- Kenntnis der biologischen Tatsachen
- Interesse an den Begleiterscheinungen des Todes
- Bewusstsein des eigenen Todes
- Ängste vor dem Tod: v. a. Verlust der Eltern
- Tod als Vernichtung der Existenz
- Aussicht auf endgültige Vernichtung erzeugt Jenseitsvorstellungen
- Fragen: Was geschieht nach dem Tod? Leib und Seele erhalten große Bedeutung

Kind zwischen zehn und vierzehn Jahren

- Verlust wird in voller Tragweite erkannt
- Frage nach „Wie" des Sterbens
- Mitleid, Einfühlung
- beziehen den Tod auch auf sich
- Wunsch nach langem Leben
- Nachdenken über Sinn des Lebens
- Jenseitstheorien

[23] Zusammenstellung aus verschiedenen Quellen; siehe S. 9.

1.2 Trauerverhalten von Kindern

Nach alt- und mittelhochdeutschem Sprachgebrauch bedeutet das Wort *„Trauer“ „Niederfallen“, „matt- und kraftlos werden“, „den Kopf sinken lassen“, „die Augen niederschlagen“.*[24] Die Thematik der Trauer ist komplex, denn Trauer vollzieht sich individuell, situationsbezogen und ist abhängig von den jeweiligen Begleitumständen des Trauernden. Für das kindliche Trauerverhalten spielen die kognitive, emotionale und individuelle Entwicklung sowie das soziale Umfeld, die Beziehung zum Verstorbenen, die Todesursache und allgemein die jeweilige Situation eine ausschlaggebende Rolle. Des Weiteren wirken sich auch die bewusst oder unbewusst wahrgenommene gesellschaftliche Tabuisierung des Todes sowie das soziale Unbehagen Trauernden gegenüber auf das Trauerverhalten aus. Denn Trauer wird oft mit einer Krankheit gleichgesetzt, die es möglichst schnell zu heilen gilt. Im Zusammenhang mit Trauer wird meist von „verarbeiten“ und „hinter sich lassen“ gesprochen. An dieser Stelle ist es wichtig, sich bewusst zu machen, dass Trauer keine Krankheit ist, sondern eine normale, gesunde und vorhersehbare allzu menschliche Reaktion auf einen schmerzlichen Verlust, die sich auf unterschiedlichste Weise äußern kann, sodass hier im Allgemeinen nicht von einer „richtigen“ oder „falschen“ Form von Trauer gesprochen werden kann.[25] Ebenso wenig lässt sich die Dauer von Trauer bestimmen oder bewerten, denn Trauer hört nicht einfach irgendwann auf, aber sie verändert sich im Laufe der Zeit.[26]

Jedes Kind trauert anders und sucht nach eigenen Wegen, um mit diesen plötzlich auftretenden, überwältigenden, oft sehr widersprüchlichen Gefühlen umzugehen. Diese Gefühle sind schwer zu begreifen und stürzen unerwartet auf das Kind ein. Um das auszuhalten, *„springen“ Kinder in ihre Trauer hinein, aber auch unvermittelt wieder hinaus“*[27], was unter Erwachsen zuweilen zu Irritationen und auch Fehlinterpretationen des kindlichen Trauerverhaltens führen kann. Kinder benötigen Zeiten, in denen sie sich erholen und vom Traurigsein abwenden können.[28] Da nicht jedes Kind diese komplexen Gefühle ohne Weiteres verbalisieren kann oder möchte, sollten Erwachsene auf andere Ausdrucksformen achten. In diesen Situationen brauchen Kinder Begleitpersonen, die ihnen beistehen und eine Umgebung generieren, in der sie ihre Trauer zulassen dürfen – dies beinhaltet auch, dass sie ehrliche Informationen erhalten. Es ist wichtig, trauernden Kindern zuzuhören, ihnen Gespräche anzubieten und ihnen Möglichkeiten zu offerieren, ihre Trauer auf vielfältige Weise auszudrücken. Kreativität, Momente der Stille, Bewegung und Räume, die auch Gefühle wie Wut und Zorn zulassen, helfen dabei, Spannungen abzubauen. Trauer hat viele Gesichter und bedarf vielfältiger Formen des Ausdrucks.[29] Lernt ein Kind mithilfe der Erwachsenen von früh an, seine Gefühle auszudrücken um Verluste offen zu betrauern, wird sich dies positiv auf seine Entwicklung auswirken. Wird Trauer hingegen unterdrückt, Gefühlsausbrüche vermieden und der Schmerz still „in sich hineingefressen“, dann kann Trauer krankmachen.[30]

Für Lehrpersonen ist es oft nicht leicht, ein trauerndes Kind in der Schule adäquat zu begleiten, insbesondere wenn ein Elternteil oder Geschwisterkind gestorben ist. Sie sind verunsichert, wissen nicht, was sie in so einer Situation sagen sollen und hinzu kommt nicht selten, dass das Kind sich augenscheinlich wie immer zu verhalten scheint. Dennoch

[24] Vgl. Specht-Tomann, Monika /Tropper, Doris: Wir nehmen jetzt Abschied. Kinder und Jugendliche begegnen Sterben und Tod, 2013, S.34.
[25] Vgl. Röseberg, Franziska/Müller, Monika (Hg.): Handbuch Kindertrauer. Die Begleitung von Kindern, Jugendlichen und ihren Familien, 2014, S. 266, 267, 274.
[26] Vgl. Michel, Katrin (Hrsg.): Tod und Trauer in der Schule – Eine Handreichung, Trauernde Kinder Schleswig-Holstein (e. V.), S. 60.
[27] Vgl. ebd., S. 13.
[28] Vgl. ebd., S. 13.
[29] Vgl. Röseberg, Franziska/Müller, Monika (Hg.): Handbuch Kindertrauer. Die Begleitung von Kindern, Jugendlichen und ihren Familien, 2014, S. 267.
[30] Vgl. Canacakis, Jorgos: Trauer - „ein verlerntes Gefühl“. in: Student, Johann-Christoph – Im Himmel welken keine Blumen. Kinder begegnen dem Tod 1992, S. 184.

darf das Geschehen nicht einfach ignoriert und übergangen werden, da solche Verhaltensweisen das Kind verunsichern können und es zu dem Schluss gelangen kann, was in ihm vorgeht, sei nicht von Belang oder nicht der Norm entsprechend. Gerade in ihrem sozialen Umfeld versuchen Kinder oft, sich nichts anmerken zu lassen, das heißt aber nicht, dass das Kind nicht trauert. Ein persönliches Gespräch sowohl mit dem Kind als auch mit der Familie gibt der Lehrperson Sicherheit im Umgang mit dieser Situation, denn auf die Gefühle und Wünsche des Kindes kann nach so einem Gespräch besser eingegangen werden. Trauernde Kinder benötigen stabile Alltagsstrukturen, vor allem auch in der Schule, die ihnen in ihrer Trauer weiterhelfen. Lehrpersonen sollten im Schulalltag aufmerksam sein, beobachten und die kindliche Gefühlswelt wahrnehmen. So können körperliche Reaktionen wie Einnässen, Unruhe, Konzentrationsschwierigkeiten oder emotionale Reaktionen wie heftiges Weinen, Wutausbrüche oder auch sozialer Rückzug Hinweise auf das Trauerverhalten des Kindes sein.[31] Erfährt das Kind in solchen Situationen ehrliche Zuwendung, Gesprächsangebote, aber auch Rückzugsmöglichkeiten, dann fühlt es sich geborgen, verstanden und insbesondere nicht ausgegrenzt. Ähnliche Reaktionen können sich auch zeigen, wenn ein geliebtes Haustier oder die Oma bzw. der Opa gestorben ist; auch diese Verluste erfordern vonseiten der Lehrperson einen sensiblen Umgang.

Da es Erwachsenen, die selbst mit ihrer Trauer beschäftigt sind, manchmal Schwierigkeiten bereitet, Kindern nach solchen Verlusterlebnissen Beistand zu leisten, gibt es inzwischen Trauergruppen für Kinder, die eine Begleitung des kindlichen Trauerweges in einer Gruppe anbieten. Diese Gruppen geben Kindern die Möglichkeit, mit anderen Kindern, die ähnliche Erfahrungen gemacht haben, zusammenzukommen und in einem geschützten Rahmen ihren Gedanken und Gefühlen Ausdruck zu verleihen. Die Kinder erleben dadurch, dass sie nicht alleine sind mit ihrer Trauer. Begleitend bieten diese Trauergruppen oftmals auch Erwachsenen, beispielsweise den Eltern oder anderen Angehörigen, Unterstützung an.[32] Lehrpersonen sollten sich über lokale Trauergruppen informieren und betroffene Eltern bei Gesprächen darauf aufmerksam machen bzw. ihnen beratend zur Seite stehen. Um sich ein Bild von einer solchen Trauergruppe zu machen, empfiehlt sich u. a. der Besuch der Internetseite des gemeinnützigen Vereins:

„*DOMINO-Zentrum für trauernde Kinder e. V.*" (http://www.domino-trauerndekinder.de/)

Zudem ist es ratsam, dass Lehrer sich auf einen plötzlichen Todesfall in der Schule vorbereiten und präventive Maßnahmen treffen, um in solch einer Situationen nicht ohne gewisse Vorüberlegungen vor Eltern und Schüler treten zu müssen. Denn stirbt ein Kind oder ein Angehöriger, ein Lehrer oder ein anderer Mitarbeiter der Schule, erfordert dies von Schulleitern und Lehrern ein hohes Maß an Sensibilität und Präsenz; oft sind jedoch Gefühle der Überforderung und Sprachlosigkeit vorherrschend.

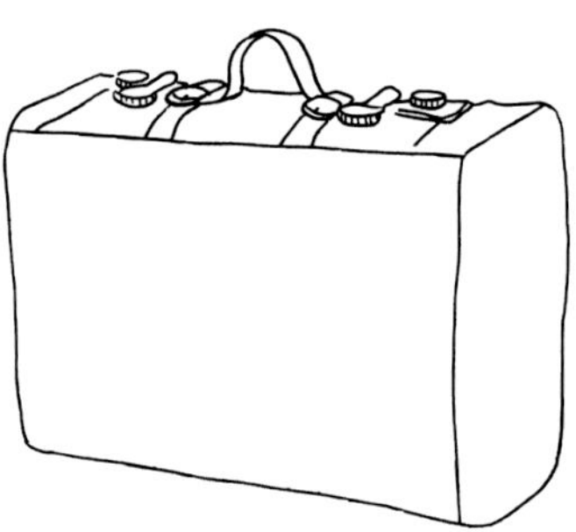

Um dem entgegenzuwirken, wurden sogenannte „*Notfall-Trauerkoffer*"[33] für den Ernstfall in der Schule entwickelt, welche eine Unterstützung für Lehrpersonen sein können. Inhalt eines solchen Koffers sind beispielsweise Tücher, Kerzen, Lichterketten, Bibel und Kreuz, Postkarten, Stifte und kreative Gestaltungsangebote, Erinnerungsbuch, Lieder- und Bilderbücher oder Filme. Einige dieser Koffer enthalten zudem Informationen zum Thema sowie Materialien und Tipps zur Gestaltung von Elternabenden oder auch Unterrichtsbeispiele, die dabei helfen, mit Kindern in der Klasse Trauerarbeit zu leisten. Trauerkoffer können an verschiedenen Stellen ausgeliehen werden, zum Beispiel bei religionspädagogischen Instituten bzw. Schuldekanaten oder bei ambulanten Hospizdiensten. Inzwischen werden einige Trauerkoffer auch zum Verkauf angeboten. Ein Trauerkoffer für die Schule kann natürlich auch selbst zusammengestellt werden. Anregungen hierzu finden sich in Büchern und Begleitheften zum Thema (siehe Literaturliste). Damit der Inhalt des Koffers zu den Vorstellungen des Kollegiums passt, bietet es sich an, das Thema ohne konkreten Anlass in einer Konferenz aufzugreifen und Materialien zu sichten. Eventuell kann ein Trauerkoffer auch in Kooperation mit dem für die Schule zuständigen Pfarrer zusammengestellt werden.

[31] Vgl. ebd., S. 329, 330.
[32] Vgl. ebd., S. 354 ff.

[33] Vgl. Petermann, Anna-Christina: Schulseelsorge – ein junges kirchliches Handlungsfeld im Schulalltag und in Krisenzeiten. Der Trauerkoffer – in der Trauer füreinander da sein: Neue Wege der evangelischen Schulseelsorge nach dem Tod eines Schülers, 2013.

1.3 Der Tod als Thema im Religionsunterricht – Überblick, Inhalte und Kompetenzerwartungen

Es gibt immer wieder Vorbehalte, das Thema „Tod" im Unterricht der Grundschule zu behandeln, sogar im Fach Religion.. Diese Vorbehalte kommen von Eltern, aber auch von Lehrpersonen selbst. Ein kurzer Blick in einige ausgewählte Lehr- und Bildungspläne unterschiedlicher deutscher Bundesländer zeigt jedoch:

Inhalte:

„Der Evangelische Religionsunterricht denkt (...) zusammen mit den Schülerinnen und Schülern auch über das Sterben nach. (...) bietet ihnen Rituale, um Trauer zu zeigen und Abschied zu nehmen. Er zeigt aber auch die christliche Hoffnung auf, dass Leben und Tod in Gottes Hand liegen und dass Gott neues Leben (Joh 12,24) schaffen kann." (ev. Lehrplan Saarland, 2016, S. 21).

„Menschen erfahren Leid und Tod – Kinder erzählen von eigenen Erfahrungen mit dem Tod." (kath. Lehrplan Saarland, 2016, S. 14).

„Gott sucht Menschen – Menschen suchen Gott", „Reden mit Gott – fragen nach Gott": Angst, Trauer, Trennung, Tod." (ev. Lehrplan NRW, 2008, S. 159).

Erfahrungen von Menschen mit Leid und Tod, Trauer und Hilfe, Trost und Hoffnung; Ausdrucksformen vor Gott, z. B. Psalmworte der Klage und Hoffnung (kath. Lehrplan Bayern, 2014, S. 40).

Trauer über den Tod gehört zum Menschen: Wir geben den Gefühlen Raum und drücken sie aus (Trauerriten); Wie wir uns trösten können; Gott schafft neues Leben und neue Lebensmöglichkeiten (z. B. Ostergeschichten) (ev. Lehrplan Hessen, 1995, S. 46).

Folgende Kompetenzerwartungen am Ende der Klasse 4 werden dabei benannt:

Der Schüler .../ Die Schüler ...

(...) kann seine eigenen Vorstellungen vom Tod und dem, was danach kommt, wahrnehmen und zum Ausdruck bringen (ev. Lehrplan Rheinland-Pfalz, 2010, S. 30).

(...) reflektieren die Frage nach dem Sinn und der Nähe Gottes in leidvollen Grenzsituationen menschlichen Lebens (ev. Lehrplan NRW, 2008, S. 160).

(...) können Anteil an Freude und Trauer nehmen und verfügen über entsprechende Zeichen der Zuwendung (kath. Lehrplan Niedersachsen, 2006, S. 15).

(...) können ihre Erfahrungen mit dem Tod zur Sprache bringen und sie mit biblischen Hoffnungsworten verbinden (kath. Lehrplan Saarland, 2016, S. 13).

(...) erkennen, dass Leid und Tod, Trauer und Klage zum Leben gehören (...), schmerzhafte Erlebnisse zur Sprache bringen und Erfahrungen der Bewältigung austauschen (ev. und kath. Lehrplan Sachsen-Anhalt, 2007, S. 8).

Diese kurzen Auszüge unterschiedlicher deutscher Bildungs- und Lehrpläne machen deutlich, dass „Abschied, Tod und Trauer" zentrale und mit klaren Kompetenzerwartungen verknüpfte Themen des Religionsunterrichts in der Grundschule sind. Dabei zeigen die Ausschnitte der Lehr- und Bildungspläne, dass es im Religionsunterricht um das Nachdenken, das Suchen und Fragen geht. Es wird von den Erfahrungen und den Vorstellungen der Kinder ausgegangen, gleichzeitig werden ihnen Beispiele aus der Bibel aufgezeigt, wie Menschen mit Verzweiflung, Angst und Trauer umgegangen sind und wie diese wieder Hoffnungsperspektiven für ihr Leben gefunden haben.

Im Religionsunterricht erhalten die Kinder Raum, um Ängste oder Zweifel auszudrücken und Worte dafür zu finden.[34] Mithilfe der Psalmworte der Klage erfahren sie, dass in schwierigen Situationen auch gefragt und geklagt werden darf.[35] Sie erhalten Gelegenheit, mit der Lehrperson sowie mit anderen Kindern in einen Gedankenaustausch zu kommen und auch über ihre Erfahrungen mit Gott zu sprechen. Die Fragen, Todesvorstellungen und Erlebnisse der Kinder müssen dabei Berücksichtigung fin-

[34] Handreichungen zum neuen Lehrplan, Evangelische Religionslehre (Primarstufe) in NRW, S. 245.
[35] Vgl. ebd.

den und in den Unterricht eingebunden werden. Es geht nicht darum, Kindern möglichst schnell fertige Antworten zu geben oder ihnen gar Versprechungen eines blumigen Jenseits zu machen. Das Beschäftigen mit der Ostergeschichte zeigt Kindern, dass die Begegnung mit dem Auferstandenen eine bestimmte Wirkung auf die Menschen hatte und damit einen hoffnungsvollen Neuanfang ermöglichte.[36]

Für den Religionsunterricht bedeutet das:

„Lernen und Lehren im Evangelischen Religionsunterricht gehen deshalb von einer kindgeleiteten, dialogorientierten Theologie aus. Schülerinnen und Schüler stellen mit Religionslehrerinnen und Religionslehrern lebensbedeutsame Fragen. Gemeinsam treten sie dabei in einen Dialog mit dem Alten und dem Neuen Testament sowie mit christlicher Tradition."[37]

Ein Dialog entsteht allerdings nur da, wo die Interessen der Kinder berücksichtigt werden und auch zugegeben werden kann, dass auch Erwachsene nicht auf alles eine Antwort haben:

„(...) Dabei lernen Schülerinnen und Schüler auch, dass in manchen Situationen Fragen offen bleiben oder nur ansatzweise und nicht immer endgültig beantwortet werden können. Schülerinnen und Schüler werden im Prozess des religiösen Lernens als Individuen angenommen. Der Religionsunterricht geht auf die Grunderfahrungen der Schülerinnen und Schüler ein und berücksichtigt ihre Biographien und Lebenssituationen sowie ihre Interessen.[38]

Der Blick auf das einzelne Kind, seinen Lernweg, sein Verständnis, sein Nachdenken und Theologisieren ist von zentraler Bedeutung.[39] Das aufmerksame Wahrnehmen der Fragen und Gedanken der Kinder steht hier im Mittelpunkt. Aus diesem Grunde gibt die folgende Grafik einen kleinen Einblick in die Gedankenwelt und Fragen der Kinder. Es sind gesammelte Äußerungen zu Beginn einer Unterrichtsreihe und Fragen von Kindern eines dritten und vierten Schuljahres.

Die sich daran anschließende Tabelle ist der Versuch, einen groben Überblick zu den Kompetenzerwartungen zu geben und die Materialien der Unterrichtsreihe zuzuordnen. Dieser dient nur der Orientierung und erhebt nicht den Anspruch auf Vollständigkeit.

[36] Vgl. evangelischer Lehrplan Saarland 2016.
[37] Handreichungen zum neuen Lehrplan, Evangelische Religionslehre (Primarstufe) in NRW, S. 15.
[38] Lehrplan katholische Religionslehre (Primarstufe) in NRW, 2008, S. 168.
[39] Vgl. Klaaßen, Anne: Teilrahmenplan (TRP) Evangelische Religion Grundschule Rheinland-Pfalz. Eine Lesehilfe in: Schöneberger Hefte 3/10, S. 4.

Vorwissen und Fragen der Kinder

Fragen der Kinder

Todesursachen

- Wie passiert es?
- Woran kann man sterben?
- Kann man sterben, wenn man vom Blitz getroffen wird?
- Kann man sterben, wenn man mit dem Kopf gegen die Wand knallt?

Körper

- Tut der Tod weh?
- Wieso werden die Beine schwarz, wenn man tot ist?
- Ist man nach dem Tod gehirnlos?
- Warum wird man steif?
- Wird man verbrannt?
- Wie kommt der Körper in eine Urne?

Vorwissen

- „Der Tod bedeutet Abschied nehmen. Wenn man darüber nachdenkt, fängt man an zu weinen. Es ist sehr traurig, dass Menschen sterben. Man ist so wie eine Blume, man wird eingepflanzt und man wird ausgepflanzt."
- „Man fühlt sich traurig, wenn ein Familienmitglied stirbt."
  „Man braucht aber nicht traurig zu sein, wenn jemand stirbt, weil er mit Gott geht."
- „Wenn man tot ist, ist man für immer weg." „Man ist dann weg von der Welt. Das ist nicht schön. Man verliert. Man sieht seine Freunde und Familie nicht mehr, obwohl viele sich für immer sehen wollen."
- „Das kann jeden Moment passieren. Man lebt nicht ewig."
- „Ich weiß, dass niemand sterben will. Menschen, die gestorben sind, kommen manchmal wieder auf die Welt, als Pflanze oder so."
- „Ich weiß schon, dass der Tod Herzstillstand macht. Man kann durch schwere Krankheiten sterben, z. B. Krebs, Herzinfarkt, Gehirnerschütterung. Man kann sterben, wenn man aus dem Fenster fliegt."
- „Der Tod ist nichts Schönes. Es ist qualvoll, zu sterben und tut manchmal weh oder auch nicht."
- „Der Tod ist wie Schmerz. Als wärst du nicht mehr da. Es ist wie Nichts."

Fragen der Kinder

existenzielle Fragen

- Wer stirbt: der Mensch oder die Seele?
- Warum stirbt eigentlich jeder?
- Warum sterben so viele Kinder?
- Will Gott, dass die Kinder sterben?
- Warum passiert das?
- Ob Leute denken, dass der Tod eine komplette Lüge ist?
- Ob jeder Mensch weiß, wozu der Tod da ist?
- Ob jemand weiß, was es bedeutet, tot zu sein?
- Wie alt kann man werden, bis man stirbt?
- Wie oft passiert es?
- Wieso müssen wir Abschied nehmen?
- Wieso ist das so ein komisches Gefühl?

Jenseits/Leben nach dem Tod

- Was macht man, wenn man gestorben ist?
- Was passiert nach dem Tod? Wie geht es weiter, wenn man tot ist?
- Wo kommt man nach dem Tod hin? Wie sieht es dort aus?
- Was wird man nach dem Tod?
- Kann man sich aussuchen, als was man wiedergeboren wird?
- Wird man wiedergeboren?
- Kommt man wirklich als Pflanze, Tier oder irgendwas anderes auf die Welt?
- Erlebt man wieder das gleiche Leben?
- Kann man die lebendigen Menschen anfassen?
- Wie fühlt es sich an, zu fliegen?
- Wie fühlt es sich an, auf einer Wolke zu schweben?
- Wie fühlt es sich an, nicht gesehen zu werden?
- Wie ist es, durch Wände zu gehen?
- Sieht man, wenn man gestorben ist, Gott?
- Sieht man Jesus im Himmel?
- Wie sieht es im Himmel aus?
- Trifft man andere Tote im Himmel?
- Lebt man im Himmel weiter?
- Kommen auch alle Menschen in den Himmel?
- Gibt es ein Paradies im Himmel?
- Wie kommt man in den Himmel?
- Gibt es eine Hölle? Kommen schlechte Menschen in die Hölle?
- Wie ist das Leben als Toter?
- Wie fühlt man sich nach dem Tod?

Inhalte und Kompetenzerwartungen[40]

Überblick: Unterrichtsinhalte und Kompetenzerwartungen zum Thema Abschied, Tod und Trauer im Religionsunterricht

Thema	Unterrichtsinhalte	Kompetenzerwartungen am Ende der Klasse 4 Der Schüler …	Material Unterrichts-reihe 1	Material Unterrichts-reihe 2	✔
Abschiede	Situationen des Abschiednehmens; leichte und schwere Abschiede; Riten und Konventionen des Abschieds	spricht über eigene Abschiedserfahrungen; unterscheidet zwischen leichten und schweren Abschieden, kennt Möglichkeiten des Abschiednehmens	M6–M12	optional: M6–M16, M38	☐
Sterben und Tod – Fragen und Vorstellungen	eigene Erfahrungen, Fragen und Vorstellungen zum Tod und zum Jenseits ausdrücken	formuliert Vorwissen und Fragen zum Thema und sucht nach Antworten; nimmt die eigenen Vorstellungen vom Tod und vom Jenseits wahr und bringt sie zum Ausdruck; kann diese in Beziehung zur christlichen Tradition setzen und vergleichen	M2, M18, M19, M22, M23	M2, M18, M19, M22	☐
Friedhof, Trauerfeier und Beerdigung	Friedhof, Rolle eines Pfarrers bei der Trauerfeier, Ablauf einer christlichen Beerdigung	erkennt die Bedeutung christlicher Beerdigungsrituale; nimmt die Rolle eines Pfarrers bei einer Trauerfeier wahr; lernt Formen des Abschiednehmens kennen	M24–M31 optional: M13 oder M14	Bilder aus „Abschied von Rune": 12, 14, 16–18 (optional)	☐
Feste und Feiertage	Gedenktage für die Toten: Allerheiligen, Allerseelen, Totensonntag, Karfreitag, Ostern	kennt die christlichen Gedenktage an die Toten, kann sie benennen und in das Kirchenjahr einordnen; kann auch den Karfreitag und das Osterfest als christliche Feiertage einordnen und mit Jesus' Tod und Auferstehung in Verbindung bringen	M21	optional: M21	☐
Christliche Hoffnung	christliche Auferstehungshoffnung	kennt die Ostergeschichte und Osterbräuche; erkennt biblische Hoffnungsbilder als mögliche Antworten auf Fragen zum Tod	M20	M20	☐
Trauer und Trost – Erinnerung	Trauerriten und Beten, Psalmen (Klage); Trostgesten, Trostworte der Bibel	drückt Gefühle aus und nimmt Anteil an der Trauer anderer; gestaltet Gefühle der Trauer oder Erfahrungen mit Worten und Bildern der Psalmen; findet Worte und Gesten für Trost	M32–M37	M39–M45	☐
außerschulischer Lernort: Friedhof	Friedhof erkunden; christliche Symbole entdecken	kennt christliche Symbole auf Gräbern und kann sie deuten; beschreibt den Friedhof als Ort der Trauer, der Erinnerung und des Friedens	M3–M5	M3–M5	☐

[40] zusammengestellt aus Lehr- und Bildungsplänen verschiedener Bundesländer Deutschlands des Faches Religionslehre.

2. Mit Kindern im Religionsunterricht über den Tod sprechen und nachdenken

2.1 Vorbereitung und Planung

Eine Unterrichtsreihe, welche sich mit den sensiblen Themen „Tod und Trauer" auseinandersetzt, erfordert eine wohl überlegte Vorbereitung und Planung. Im Vorfeld gilt es u. a., nachstehende Aspekte zu bedenken und entsprechende organisatorische Entscheidungen zu treffen:

Elternbrief

Bevor mit einer Unterrichtsreihe zum Thema „Tod und Trauer" begonnen wird, ist es empfehlenswert, die Eltern über das Unterrichtsvorhaben zu informieren und dabei auch explizit auf den Lehrplan zu verweisen. Dies kann im Zuge eines Elternabends geschehen oder aber mittels einer kurzen schriftlichen Mitteilung (siehe Vorlage M1, auf Seite 22). Eltern können so besser vorbereitet werden und dem Lehrer ihre Bedenken oder Ängste mitteilen. Dabei steht nicht allein die Information der Eltern im Vordergrund, sondern auch die Bitte der Lehrperson um Rückmeldungen hinsichtlich etwaiger Todesfälle im sozialen Umfeld der Kinder. Falls bereits ein Todesfall in der Familie aufgetreten ist oder ein Haustier gestorben ist, kann die Lehrperson diese Informationen so in ihre Planung aufnehmen und auf entsprechende Kinder besonders eingehen.

Zeitliche Planung

Entgegen der Forderungen der verschiedenen Lehrpläne wird das Thema „Tod und Trauer" oft nicht oder lediglich als Randaspekt im Rahmen der Ostergeschichte behandelt. Dabei wird den Fragen, Vorstellungen und Ängsten der Kinder jedoch häufig nicht genügend Raum gegeben. Für dieses wichtige Unterrichtsthema muss ausreichend Zeit eingeplant werden, da es nicht ratsam ist, spontan einzelne Stunden einer entsprechenden Reihe wegzulassen oder das Thema aus terminlichen Gründen vorzeitig abzubrechen. Den Kindern wird dadurch u. U. die Gelegenheit genommen, ihre wichtigen Fragen zu stellen bzw. in der Lerngruppe gemeinsam Antworten zu suchen oder angefangene Projekte zu Ende zu bringen. Ferner bleibt zu betonen, dass eine Unterrichtsreihe zu den Themen Abschied, Tod und Trauer idealerweise nicht am Ende eines Schuljahres oder kurz vor den Ferien begonnen werden sollte, um die Kinder mit ihren Eindrücken nicht alleine zu lassen. Es sollten rund acht bis zehn Stunden eingeplant werden, die durch möglichst wenig Unterbrechung gekennzeichnet sind. Die Reihe kann beispielsweise im Monat November gestartet werden, um einen Bezug zu den christlichen Totengedenktagen herzustellen. Die Unterrichtsreihe lässt sich aber ebenso gut an anderen geeigneten Terminen abhalten, solange genügend zusammenhängende Unterrichtswochen bereitgestellt werden können. Alternativ ist auch ein fächerübergreifendes Projekt denkbar, an dem die gesamte Klasse beteiligt wäre. Hierbei ließen sich die Fächer Religion, Sachunterricht, Deutsch und Kunst inhaltlich miteinander verknüpfen.

Der Lehrer als Lernbegleiter und Gesprächspartner

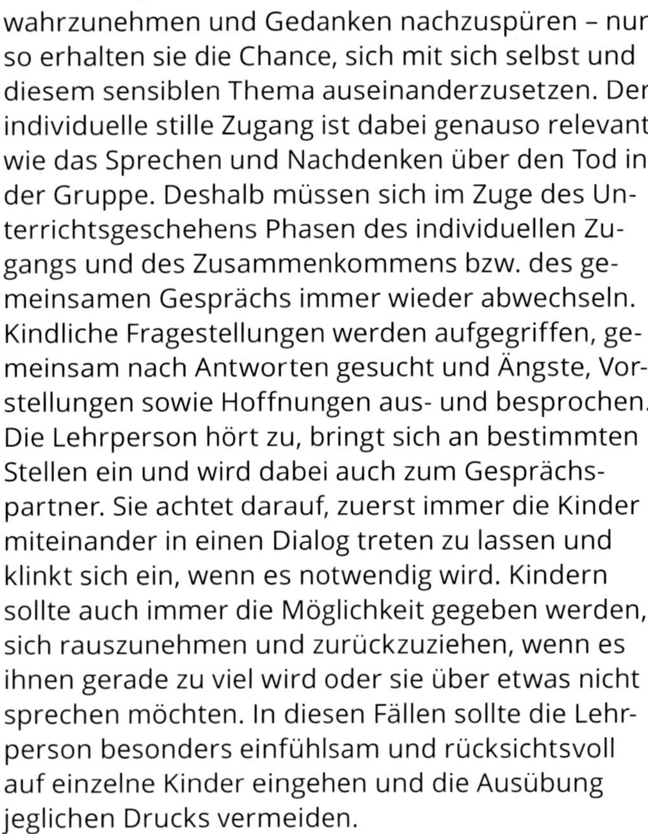

Die Lehrperson ist Lernbegleiter und achtet während der gesamten Reihe darauf, dass die Kinder immer wieder Phasen der Ruhe haben und Zeit finden, ihre Gefühle wahrzunehmen und Gedanken nachzuspüren – nur so erhalten sie die Chance, sich mit sich selbst und diesem sensiblen Thema auseinanderzusetzen. Der individuelle stille Zugang ist dabei genauso relevant wie das Sprechen und Nachdenken über den Tod in der Gruppe. Deshalb müssen sich im Zuge des Unterrichtsgeschehens Phasen des individuellen Zugangs und des Zusammenkommens bzw. des gemeinsamen Gesprächs immer wieder abwechseln. Kindliche Fragestellungen werden aufgegriffen, gemeinsam nach Antworten gesucht und Ängste, Vorstellungen sowie Hoffnungen aus- und besprochen. Die Lehrperson hört zu, bringt sich an bestimmten Stellen ein und wird dabei auch zum Gesprächspartner. Sie achtet darauf, zuerst immer die Kinder miteinander in einen Dialog treten zu lassen und klinkt sich ein, wenn es notwendig wird. Kindern sollte auch immer die Möglichkeit gegeben werden, sich rauszunehmen und zurückzuziehen, wenn es ihnen gerade zu viel wird oder sie über etwas nicht sprechen möchten. In diesen Fällen sollte die Lehrperson besonders einfühlsam und rücksichtsvoll auf einzelne Kinder eingehen und die Ausübung jeglichen Drucks vermeiden.

In der Regel kann jedoch erfahrungsgemäß davon ausgegangen werden, dass Kinder diesen Themen mehrheitlich offen, neugierig und interessiert begegnen. Es gibt allerdings auch immer wieder Situationen und Momente, die sich nicht planen und voraussehen lassen und dann völlig überraschend auftreten. So verschließen sich einige Kinder zuweilen und möchten nicht über den Tod sprechen, weil sie dann traurig werden, oder sie teilen der Lehrperson auf eine sensible Frage hin beispielsweise mit, dass das „niemanden etwas angeht". Dies sollte ohne

Bewertung zugelassen werden, manche Kinder öffnen sich nach einiger Zeit von sich aus, so sie in Ruhe gelassen werden, oder sie beteiligen sich an bestimmten Themenaspekten. Auch wenn Kinder heftig weinen, kann das zunächst verunsichern und erschreckend auf die Lehrperson wirken, doch auch hier müssen Erwachsene lernen, dass Weinen als natürlicher Ausdruck der Emotionen des Kindes zugelassen werden sollte. Nähe, Zuwendung und Interesse zeigen sowie sich tröstend zum Kind zu setzen, ist hier im Allgemeinen völlig ausreichend. Oft unterstützen die anderen Kinder der Lerngruppe spontan die Lehrperson beim Trösten. Die Gespräche darüber helfen den Kindern – und auch wenn u. U. viel geweint wird, möchten die meisten etwas über ihr Erlebnis erzählen und sich mitteilen. Es ist also bei jeder Lerngruppe in Abhängigkeit von Vorwissen und Erlebnissen der Kinder durchaus mit sehr unterschiedlichen Emotionen und Reaktionen zu rechnen. Gerade zu Beginn ist darauf zu achten, dass den Kindern genügend Zeit für Gespräche über eigene Erlebnisse eingeräumt wird. Ferner sollten die Kinder dabei achtsam miteinander umgehen und einander rücksichtsvoll zuhören.

Briefkasten

Um auch Fragen und Rückmeldungen derjenigen Kinder zu ermöglichen, die sich u. U. innerhalb der Lerngruppe nicht gerne äußern möchten, ist es empfehlenswert, in jeder Stunde einen Briefkasten auf einem ansprechend gestalteten Tisch aufzustellen und den Kindern zu Beginn der Reihe dessen Zweck zu erläutern. Falls einige Kinder ihre Fragen lieber nur der Lehrperson stellen möchten oder dieser etwas zum Thema persönlich sagen möchte, können sie auf diese Weise einen persönlichen Brief, Anmerkungen oder Fragen zum Thema in den Briefkasten werfen. Dieser wird von der Lehrperson nach jeder Stunde geleert. So kann der Lehrer auf Fragen etc. individuell antworten oder einzelnen Kindern ein Gespräch anbieten. Darüber hinaus kann die Lehrperson eine für die Dauer der Reihe verfügbare Informationsecke zu verschiedenen Aspekten des Todes einrichten, die auch Blätter für eigene Notizen und Zeichnungen bereithält.

Farbsymbolik

Farben lassen sich bestimmten Gefühlen zuordnen. Die Kinder sollten vor Beginn der Reihe bereits mit Gefühlsfarben gearbeitet haben und mit deren Bedeutung vertraut sein, da diese im Rahmen der Reihe besonders wichtig sind, um Stimmungen und Gefühle gestalterisch darzustellen.[41]

Rituale und Lieder

Um den Kindern während der gesamten Reihe ein Gefühl von Sicherheit, Geborgenheit, Gemeinschaft und Zugehörigkeit zu vermitteln, beginnt und endet der Religionsunterricht aus diesem Grunde stets mit einem Ritual im Sitzkreis. Innerhalb dieser Sozialform lassen sich Sachverhalte erarbeiten, Fragen besprechen, Ergebnisse präsentieren sowie Gefühle und Gedanken miteinander austauschen. Rituale geben Struktur und Sicherheit und lassen sich vielseitig gestalten (z. B. mithilfe von Elementen wie Kerzen, Schwimmkerzen, Steinen, Ästen, Filzblumen, Chiffontüchern, Klangschalen, Gebetswürfeln, Schatzkisten mit Gebeten oder Psalmen etc.). Rituale können wahlweise zu Beginn oder am Ende mit Liedern verknüpft werden (siehe unten). Es bereitet Kindern auch große Freude, gemeinsam zu überlegen, wie die Kreismitte passend zum Thema gestaltet werden kann. Ein beliebtes Ritual ist die Gefühlsrunde, im Zuge derer die Kinder ihre Stimmungen mithilfe von Gefühlsfarben ausdrücken. Da sich dieses Ritual insbesondere bei der vorliegenden Thematik bewährt hat, soll es hier kurz vorgestellt werden.

[41] Eine Übersicht zur Farbsymbolik und deren Bedeutung findet sich bspw. in: Die Reli-Reise 3/4, Lehrerband, 2014, S. 64, 65.

2. Mit Kindern im Religionsunterricht über den Tod sprechen und nachdenken

Beispielritual zu Beginn einer Stunde – Gefühlsrunde:

Material:

- Klangschale
- Muggelsteine in einem Körbchen
- Chiffontuch
- 7 Gefühlsfarben (zum Beispiel in Form von farbigem, in Tränenform zugeschnittenem Papierkarton, vgl. nachstehende Abb.)

In jeder Stunde übernehmen zwei Kinder den „Ritualdienst", d. h. sie gestalten die Kreismitte und leiten die Runde. Sie übernehmen so eine wichtige Aufgabe für die Gruppe; dies stärkt das Gemeinschaftsgefühl. Der Gong wird mit der Klangschale vom Kreisleiter geschlagen und ist ein Signal für den Beginn der Religionsstunde; dadurch wird den Kindern Gelegenheit gegeben, ihre Gedanken zu sammeln und in Ruhe im Raum anzukommen. Der Kreisleiter wählt daraufhin ein Kind aus, das mit der Gefühlsrunde beginnt. Das Kind nimmt einen Muggelstein aus dem Körbchen und legt es entsprechend seiner Gefühlslage auf eine Farbe.

Das Kind kann nun kurz sagen, wie es sich fühlt – dann ist das nächste Kind an der Reihe. Dabei sollte die Lehrperson allerdings darauf hinweisen, dass jedes Kind höchstens zwei Sätze sagt, da die Durchführung der Gefühlsrunde andernfalls je nach Größe der Lerngruppe zu viel Zeit in Anspruch nehmen kann. Falls ein Kind nichts sagen möchte, legt es nur den Stein auf eine Farbe. Wichtig ist dabei, dass die Kinder ihre Aussagen nicht kommentieren oder werten und einander aufmerksam zuhören. Die Gefühlsrunde zu Beginn einer Stunde trägt dazu bei, dass die Kinder wechselseitig ihre emotionale Situation wahrnehmen und entsprechend aufeinander Rücksicht nehmen können. Dies fördert im weiteren Verlauf der Stunde den achtsamen Umgang miteinander. Der „Ritualdienst" baut das Ritual am Ende der Stunde wieder ab.

Eine Auswahl geeigneter Lieder und meditativer Stücke:

Lieder:
„Bewahre uns Gott", „Gottes Wort ist wie Licht in der Nacht", „Möge die Straße", „Zeige uns den Weg", „Der Himmel geht über allen auf Zeit", „Herr, du bist mein Leben, du bist mein Weg", „Ich möchte, dass einer mit mir geht", „Mögen Engel dich begleiten", „Von guten Mächten wunderbar geborgen", „Du bist das Licht der Welt", „Du bist mein Licht", „Lied zum Licht", „Gottes Liebe ist wie die Sonne", „Du bist da, wo Menschen leben"

Meditative Stücke:
Meditation 1 und 2 (Track 31 und 32) von Sebastian Schade (Begleit-CD Bergedorfer Grundschulpraxis (3. Klasse), Bestellnummer 20079)

Begleittagebuch

Jedes Kind erhält in der ersten Stunde ein Begleittagebuch zur Unterrichtsreihe (siehe hierzu **M2**). Hier können sie ihre Fragen, Gedanken, Texte und Gefühle zu den Themen Abschied, Tod und Trauer festhalten, Stundeninhalte reflektieren oder Ergebnisse aus Arbeitsaufträgen festhalten. So können die Kinder jederzeit in ihrem Begleitheft ihre Bilder und Texte sammeln, aber auch Antworten auf ihre Fragen eintragen, die sie während der Reihe für sich finden. Gerade auch für stillere, zurückhaltende Kinder eignet sich dieses Heft, um Gefühle und Gedanken auszudrücken und festzuhalten. Insbesondere Kinder, die sehr stark weinen müssen, wenn sie sich an bestimmte Erlebnisse erinnern, ziehen sich gerne mit so einem Heftchen zurück: Denn erfahrungsgemäß haben Kinder oft das spontane Bedürfnis, ein Bild zu einem Erlebnis zu zeichnen oder ihre Gedanken ganz frei aufzuschreiben. Sie malen dann beispielsweise Grabsteine für ein verstorbenes Tier oder legen Steckbriefe an:

2. Mit Kindern im Religionsunterricht über den Tod sprechen und nachdenken

„*Hier liegt mein Hase Möhrchen im Grab und sie wurde eingeschläfert.*" (Kind, 3. Schuljahr)

„*Cora du warst mein süßester Hund.*" (Kind, 3. Schuljahr)

Am Ende der Reihe entscheiden die Kinder schließlich, über welche Eintragungen sie mit der Lehrperson sprechen möchten oder ob sie einzelne Seiten auch der gesamten Lerngruppe vorstellen möchten. Die letzte Seite des Heftes dient der Reflexion über das Erlernte und die gesamte Reihe.

Auswahl eines Bilderbuchs

Inzwischen existiert eine große Auswahl an Bilderbüchern zum Thema Tod. Sie behandeln das Sterben des Opas, der Mutter, eines Haustieres oder eines Freundes und stellen unterschiedlichste Todesursachen dar. Dieses Medium ist besonders geeignet, um Erwachsenen und Kindern den Gesprächseinstieg zu erleichtern, außerdem bietet es bei Unsicherheiten Erklärungshilfen. Den Kindern fällt es meist leichter, über die Stimmungen und Gefühle einer Bilderbuchfigur zu sprechen und sich mit dieser zu identifizieren. So können auch eigene Gefühle nach und nach erspürt und erkundet werden, gleichzeitig ermöglicht es aber auch eine gewisse Distanz.[42]

Die Auswahl eines geeigneten Bilderbuchs für den Unterricht, aber auch um mit einem trauernden Kind ins Gespräch zu kommen, bedarf allerdings einer besonders kritischen Betrachtung. Viele Bilderbücher gehen nicht wirklich auf die Trauer ein und geben allzu schnell eine Hoffnungsperspektive, die rasch alles wieder gut erscheinen lässt. Immer wieder stellen einige Autoren den Tod völlig verharmlosend dar und zeichnen blumige Jenseitsvorstellungen. So finden sich zuweilen in Bilderbüchern problematische Darstellungen, welche als Kontrastpunkt zu einem in auffallend schönen Farben gemalten Jenseits das Diesseits explizit als grau und traurig beschreiben. Bücher dieser Art sind inhaltlich, pädagogisch und didaktisch nicht für Kinder geeignet.

In dem Buch „*Kindheit und Tod*" von Ingun Spiecker-Verscharen wird ein Kriterienkatalog speziell zur Analyse von Kinderbüchern zu Tod und Trauer vorgestellt, welcher bei der Auswahl eines geeigneten Buches für einen bestimmten Anlass sehr hilfreich ist. Dieser bietet beispielsweise hilfreiche Fragen wie „*Was wird den Kindern in diesem Bilderbuch über den Tod gesagt?*", „*Welche Trauerreaktionen werden beschrieben?*", „*Welche Rolle spielen Erwachsene?*", „*Welche Gefühle werden dargestellt?*", „*Welche Farben herrschen vor?*" etc.[43]

Hier lohnt es sich durchaus, sich einen Überblick zu verschaffen und so auch neuere Erzählformen und Darstellungsweisen kennenzulernen. Denn entgegen der unter Erwachsenen oft anzutreffenden Überzeugung, die Themen Tod und Trauer seien auch mit Kindern ausschließlich ernsthaft und pietätvoll zu behandeln, gibt es durchaus geeignete andere Ansätze, die eine erfrischende Herangehensweise an das Thema bieten: So begegnen beispielsweise einige schwedische Kinderbuchautoren dem Tod in ihren Büchern mit Humor, vgl. hierzu das Bilderbuch „*Und was kommt dann*" von Pernilla

[42] Vgl. von Braunmühl, Susanne: Das rote Taschentuch. Eine Unterrichtsreihe zum Thema Tod, in: Grundschule Religion, Trauern & Trösten 4/2003, S. 7.
[43] Spiecker-Verscharen, Ingun: Kindheit und Tod. Die Konfrontation mit dem Tod in der modernen Kinderliteratur, Frankfurt/Main, 1982, S. 61–62.

Stalfelt. Dieses Buch bearbeitet das Thema sachlich, ehrlich und witzig und kann sich durchaus – je nach Situation der Lerngruppe wohlgemerkt – auch für einen Einsatz im Unterricht eignen. Weniger geeignet für den Unterricht sind hingegen Bücher, die den Tod von Vater oder Mutter behandeln, da diese Personen für Kinder die wichtigsten Bezugspersonen sind und allein der Gedanke an deren Verlust die Kinder stark verunsichern und ängstigen kann.

Außerschulischer Lernort: Der Friedhof

Ein Friedhofsbesuch wird von vielen Lehr- und Bildungsplänen für den Religionsunterricht im Zusammenhang mit dem Thema Tod vorgeschlagen. Zur Vorbereitung sollte die Lehrperson mit den Kindern über Friedhöfe sprechen und sich einen Überblick darüber verschaffen, welche Erfahrungen die Kinder bereits mitbringen. Hierzu kann die Lehrperson den Fragbogen sowie die 5. Unterrichtsstunde der ersten Unterrichtsreihe sowie die entsprechenden Materialien einsetzen. Im Vorfeld sollten die Kinder sich bewusst machen, dass es sich bei einem Friedhof um einen Ort der Stille handelt und bei einem Besuch dieses Ortes bestimmte Regeln beachtet werden müssen. Hierzu werden die Regeln und Verhaltensweisen für den Friedhofsbesuch mit den Kindern gemeinsam erarbeitet. Für den Ausflug erhält jedes Kind ein Klemmbrett und zwei Entdeckerseiten. Auch die Friedhofsregeln werden den Kindern noch einmal in gedruckter Form ausgehändigt (**M3–M5**).

Bei einer größeren Lerngruppe sollten zudem genügend Begleitpersonen mitgehen, sodass der Friedhof in Kleingruppen (idealerweise in Vierergruppen) erkundet werden kann. Die Kinder benötigen erwachsene Begleitpersonen, um Fragen stellen zu können und über das Erlebnis zu sprechen. Falls es sich einrichten lässt, ist die Begleitung durch einen Pfarrer eine große Bereicherung für die Lerngruppe. Es gibt auch Bestatter, die Friedhofsführungen für Kinder anbieten.

Bei der Nachbesprechung stellen die Kinder ihre Entdeckungen vor und äußern, worüber sie vertiefend sprechen möchten. Die Lehrperson kann als Gesprächsimpuls beispielsweise danach fragen, wie der Friedhofsbesuch für die Kinder war, was ihnen besonders gefallen hat, welche Gefühle sie hatten usw. Die christlichen Symbole, denen die Kinder während ihres Friedhofsbesuchs begegnet sind, können herausgearbeitet und hierzu passende Zeichnungen angerfertigt und präsentiert werden. Der Friedhof wird so als Ort der Erinnerung, der Ruhe, des Trauerns und des Friedens erfahren. In diesem Zusammenhang kann über weitere Orte gesprochen werden, welche Möglichkeiten des Trostes bieten. Die Lehrperson kann beispielsweise mitgebrachte Postkarten mit Naturszenen (Berge, Wälder, Wiesen mit Blumen, leere Strände, Sternenhimmel, Kirchen usw.) zum Betrachten auslegen.

M1 Elternbriefe

Liebe Eltern,

in den nächsten Wochen werden wir im Rahmen des Religionsunterrichts, wie im Lehrplan vorgesehen, die Themen *„Abschied, Tod und Trauer“* behandeln.

Bei diesen sehr wichtigen und auch sensiblen Themen, die mit vielen verschiedenen Gefühlen verbunden sind, bringen die Kinder unterschiedliche Erfahrungen, Fragen und Vorstellungen mit in den Unterricht. Daher möchte ich Sie bitten, mir mitzuteilen, falls Ihr Kind bereits einen Todesfall in der Familie oder im Bekanntenkreis erlebt oder davon erfahren hat. Dies gilt auch für liebgewonnene Haustiere, die verstorben sind. Dementsprechend kann ich den Unterricht gestalten und individuell auf einzelne Kinder eingehen.

Sollten Sie zu dieser Thematik Fragen oder Gesprächsbedarf haben, stehe ich Ihnen gerne zur Verfügung.

Mit freundlichen Grüßen

✂ -

Liebe Eltern,

im Zuge des Religionsunterrichts werden wir im Rahmen der Unterrichtsreihe *„Abschied, Tod und Trauer“* einen Friedhof besuchen.

Termin: ______________________________

Uhrzeit: ______________________________

Ort: ______________________________

An diesem Tag kommen die Kinder wie gewohnt um ________ Uhr zum Unterricht.

Wir werden dann gegen ________ Uhr zum Friedhof aufbrechen und gegen ________ Uhr wieder zurück an der Schule sein.

Mit freundlichen Grüßen

M2 Begleittagebuch

Das habe ich gelernt:

Das war für mich besonders interessant:

Das war schwierig für mich:

Darüber würde ich gerne mehr erfahren:

So hat mir der Unterricht gefallen:

8

Wie ist das mit dem Tod?

Mein Wissen

Meine Fragen

Meine Gedanken

1

M2 Begleittagebuch

7

Meine Texte und Gedichte

Meine Sprüche und Gedichte

2

M2 Begleittagebuch

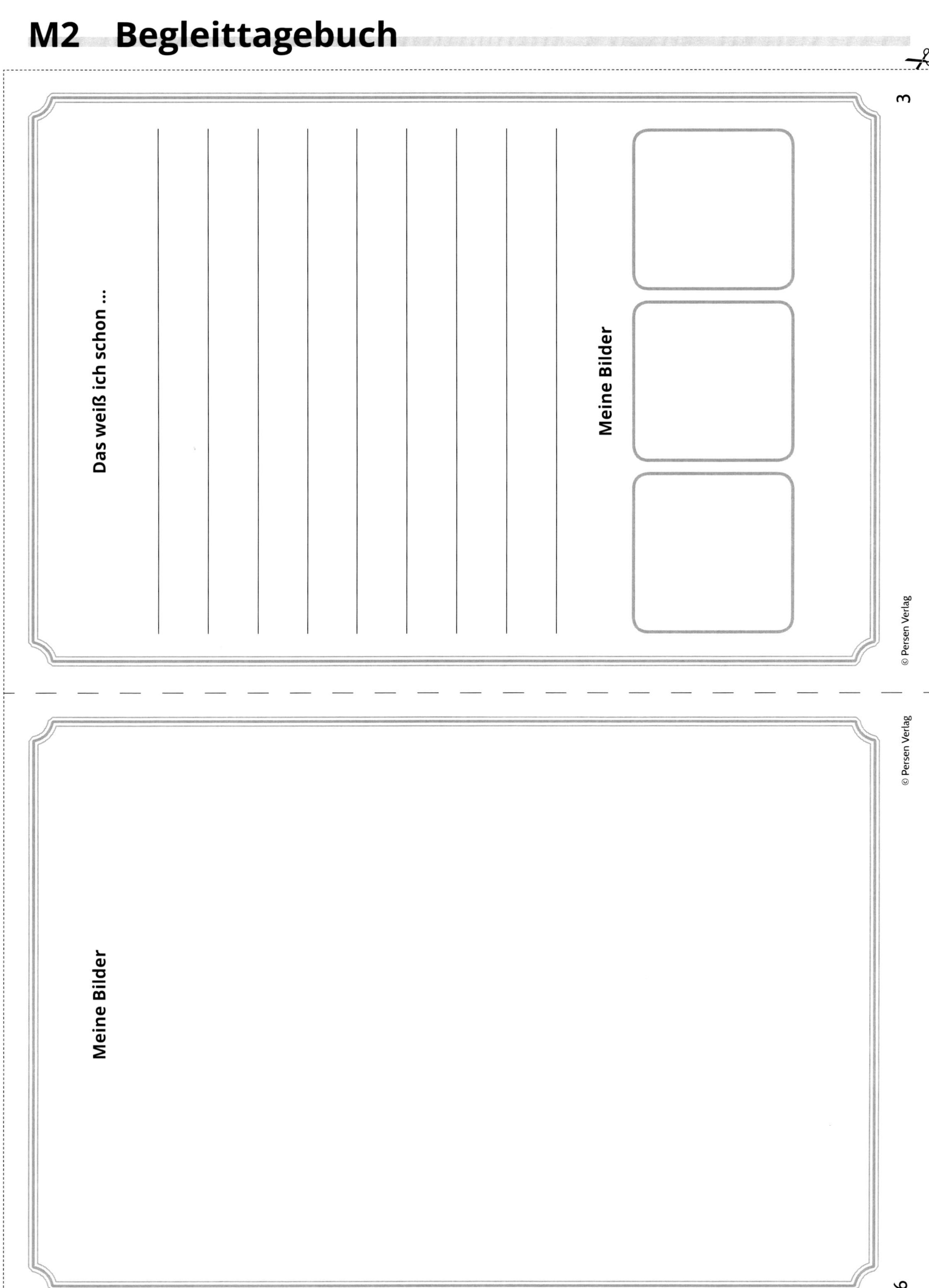

M2 Begleittagebuch

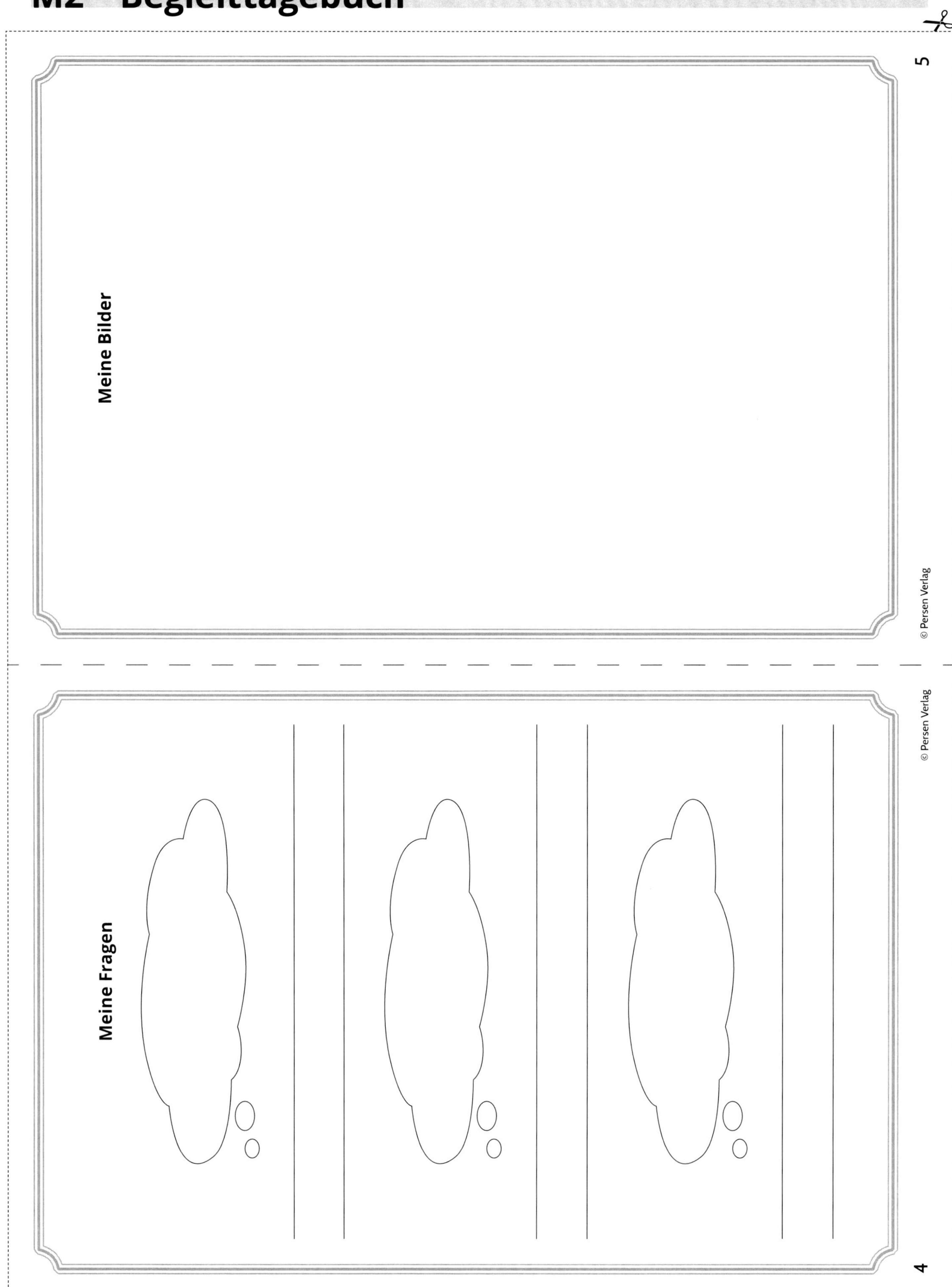

M3 Regeln für den Friedhofsbesuch

Regeln für unseren Friedhofsbesuch

Auf einem Friedhof ...

- bin ich ganz leise, weil ich sonst die Trauernden störe.
- gehe ich langsam und laufe nicht, weil ich auf andere Besucher Rücksicht nehme.
- fasse ich die Gräber und den Grabschmuck nicht an.
- werfe ich meinen Abfall in eine Mülltonne, weil sonst die Gräber verschmutzt werden.
- bin ich besonders ruhig und rücksichtsvoll, wenn ich sehe, dass auf dem Friedhof gerade eine Beerdigung stattfindet. Ich gehe dann einen anderen Weg entlang, um die Trauerfeier nicht zu stören.

M4 Meine Entdeckungen auf einem Friedhof

Meine Entdeckungen auf einem Friedhof

1. Du hast gerade den Friedhof betreten. Wie fühlt es sich an, auf einem Friedhof zu sein? Welche Gedanken gehen dir dabei durch den Kopf? Schreibe auf.

2. Auf einem Friedhof gibt es viel zu entdecken. Schreibe auf, was dir besonders auffällt.
(Zum Beispiel: Was entdeckst du auf den Gräbern? Welchen Grabschmuck gibt es? Welche Form haben die Grabsteine?)

3. Nun schaue dir einige Gräber genauer an. Schreibe das Geburts- und Sterbedatum von vier Personen auf. Rechne aus, wie alt die Personen geworden sind, und trage es in die Tabelle ein.

	* Geboren am	† Gestorben am	Alter
Person 1			
Person 2			
Person 3			
Person 4			

4. Welche dieser Personen war am jüngsten, als sie gestorben ist? Welche Person war die älteste?

M5 Meine Entdeckungen auf einem Friedhof

1. Schaue dir die verschiedenen Sprüche auf den Grabsteinen oder Kreuzen an. Schreibe hier Sprüche auf, die dir besonders gut gefallen:

2. Findest du auch Sprüche, die etwas mit Gott zu tun haben? Schreibe sie hier auf:

3. Welche christlichen Symbole findest du auf den Gräbern? Male sie hier auf und schreibe unter deine Zeichnungen, wie oft du das Symbol gesehen hast.

2.2 Abschied: Unterrichtsstunden zur Einführung

Zur Sache: Abschiede im Leben von Kindern

Zum Abschied winken Menschen einander, sie umarmen sich oder geben sich einen Abschiedskuss. Es gibt viele Gesten, Worte und Riten, um einen Abschied auszudrücken, die Menschen unterschiedlichster Kulturen verstehen und einsetzen.

> Das Wort „*Abschied*" ist seit dem 15. Jahrhundert gebräuchlich und leitet sich sprachgeschichtlich von dem frühneuhochdeutschen Verb „*abscheiden*" bzw. „*scheiden*" ab, der indogermanische Ursprung geht dabei auf „*skei*" = „*scheiden*", „*trennen*" zurück. Das Substantiv „*Abschied*" bedeutete auch „*Tod*".[44] Mit dem Wort „Abschied" werden die Handlung, Gesten oder die Worte bezeichnet, die vollführt bzw. ausgesprochen werden, wenn Personen sich voneinander oder von Tieren, Objekten oder Orten trennen. Es ist die physische Trennung von jemandem oder von etwas.[45] Typische mit „Abschied" anzutreffende Assoziationen finden sich u. a. in Worten wie „*traurig*", „*tränenreich*", „*würdig*", „*vorzeitig*", „*leise*", „*endgültig*".[46]

Abschiede gehören bereits im frühen Kindesalter zu den besonders einprägsamen Erlebnissen, welche mit unterschiedlichen Gefühlen verknüpft werden und je nach Erfahrung bestimmte Empfindungen auslösen können. Ein Grundschulkind im dritten oder vierten Schuljahr hat bereits viele verschiedene Arten des Abschieds erlebt – das können kleinere Trennungen, aber auch größere sein, von Gegenständen, Orten, Menschen und Tieren, die die kindliche Gedankenwelt beeinflussen. Kinder lernen im Laufe ihres Lebens verschiedene Rituale und Konventionen des Abschieds kennen wie beispielsweise Abschiedsfeste zu bestimmten Anlässen, Abschiedsworte, Abschiedssprüche, Abschiedsbriefe, Abschiedsgeschenke etc. Dabei erfahren sie, dass Abschiede gestaltet werden können. Abschiede unter Menschen sind durch Konventionen geleitete Umbrüche, die das Ende einer sozialen Situation markieren.

Die Erinnerung an einen Abschied löst oft negative Emotionen aus, die mit Angst, Schmerz, Wut oder auch Verzweiflung verknüpft werden. Es gibt aber auch Abschiede, die von Kindern positiv bewertet werden und an die sie fröhliche Erinnerungen haben. Manchmal rufen Abschiede auch mehrere, u. U. widersprüchliche Gefühle hervor. So erzählen Kinder oft, dass ihnen ein Umzug in eine andere Stadt und der Schulwechsel zwar schwergefallen sind, es aber auch toll war, weil sie ganz schnell wieder neue Freunde gefunden haben. Abschiede sind Situationen des Aufbruchs, die leicht, aber auch sehr schwer sein können. Der Verlust eines geliebten Kuscheltieres, einer Freundschaftskette, eines Spielzeugs oder Andenkens ist für viele Kinder, auch für ältere, schlimm und sie reagieren oft untröstlich. Wenn etwas tatsächlich verloren gegangen ist, fragen auch ältere Grundschulkinder immer wieder, ob sie noch einmal danach suchen können. Erwachsene kennen dieses Gefühl selbst, wenn sie etwas verlieren, das ihnen etwas bedeutet hat. Erleben Kinder die Trennung der Eltern, Abschiede von gewohnten Lebenssituationen oder Tieren, benötigen Kinder tröstende, beruhigende und erklärende Worte. Dass Abschiednehmen wehtun kann, erfahren Kinder schon früh. Erst recht, wenn ein geliebtes Haustier oder eine Person aus der Familie gestorben ist. In diesen Momenten erfahren sie, was es heißt, für immer Abschied zu nehmen. Kinder erleben den Tod ihres Haustieres sehr intensiv, da sie meist eine starke Beziehung zu diesem aufgebaut haben. Ihre Trauer um das Tier sollte von Erwachsenen entsprechend ernst genommen und keineswegs belächelt werden, sonst kann es zu Zweifeln an der Gültigkeit der eigenen Gefühle kommen.[47] Abschiede begleiten die Entwicklung von Kindern und müssen Beachtung finden.

Im Religionsunterricht geht es in diesem Zusammenhang darum, Kinder von ihren Abschiedserfahrungen und damit verbundenen Emotionen erzählen zu lassen. So können sie auf dieser Grundlage auch Abschiedssituationen in der Bibelgeschichte erkunden und erfahren, wie die Menschen, von denen in der Bibel berichtet wird, mit diesen Situationen umgegangen sind. In vielen Geschichten der Bibel – sowohl im Alten als auch im Neuen Testament – spielen Momente des Abschieds eine wesentliche Rolle: bei Abraham, bei Noah, bei Mose, bei Rut, bei Josef und auch bei Jesus und seinen Jüngern sowie dem Apostel Paulus. Es sind Menschen, die einen Aufbruch ins Ungewisse gewagt haben

---

44 http://www.wissen.de/wortherkunft/abschied
45 Vgl. Schröter, Juliane: Abschied nehmen: Veränderungen einer kommunikativen Kultur im 19. und 20. Jahrhundert, 2016.
46 Vgl. www.duden.de/rechtschreibung/Abschied
47 Vgl. Röseberg, Franziska/Müller, Monika (Hg.): Handbuch Kindertrauer. Die Begleitung von Kindern, Jugendlichen und ihren Familien, 2014, S. 205–207.

und das gewohnte Leben verlassen mussten. Oft wussten sie nicht, welche Folgen der jeweilige Abschied nach sich zieht und was sie erwartet; sie verspürten Unsicherheiten und Ängste. Doch nur, weil der Abschied gewagt wurde, konnte auch Neues erfahren werden. Es sind aber auch Abschiede, die vom Tod und der damit verbundenen Trauer und Verzweiflung erzählen – und zugleich Bilder, die Hoffnung und Dankbarkeit aufzeigen.[48]

Abschiede zu formulieren, zur Sprache zu bringen und die damit verbundenen Gefühle bewusst wahrzunehmen, darum geht es in diesen vorbereitenden Unterrichtsstunden. Dabei denken die Kinder über Abschiede in ihrem Leben nach und entdecken auch in den biblischen Erzählungen Abschiedssituationen.

Lernchancen

Die Kinder lernen, …

- über persönliche Abschiedserfahrungen und ihre damit verbundenen Gefühle zu sprechen und nachzudenken.
- dass Abschiede zum Leben gehören und es verschiedene Abschiedssituationen gibt.
- zwischen leichten und schweren Abschieden zu unterscheiden.
- dass Abschiede traurige, aber auch fröhliche Emotionen hervorrufen können.
- dass Menschen „Abschiede für immer" als sehr schmerzhaft erfahren.
- Abschiede auch als Beginn von etwas Neuem kennen.
- aus den Erzählungen der Bibel, dass Abschiede schon immer mit Ängsten und Unsicherheiten verbunden waren, Menschen aber aufgrund dieser Abschiede auch mutig andere Wege gegangen sind und sich neue Perspektiven für sie eröffnet haben. Dabei haben sie Erfahrungen mit Gott gemacht.

Vorüberlegungen

Das Thema „Abschied" eignet sich besonders als Einstieg in eine Unterrichtsreihe zum Tod, da es zahlreiche Anknüpfungspunkte an die Lebenswirklichkeit der Kinder und so auch viele Gesprächsanlässe eröffnet und die Kinder selbst entscheiden lässt, über welche Erfahrungen sie sprechen möchten. Beide Seiten eines Abschieds kommen so zur Sprache und die Kinder erhalten die Möglichkeit, zu erkennen, dass Abschiede zum Leben gehören und nicht ausschließlich traurige und schmerzhafte Gefühle hervorrufen. Oft kommen die Kinder in diesem Zusammenhang von selbst auf Sterben und Tod zu sprechen, da viele bereits im Grundschulalter persönliche Erfahrungen zu dieser Thematik gesammelt oder zumindest davon gehört haben und mit Abschied auch der Tod assoziiert wird. Je nach persönlicher Erfahrung der Kinder kann schon das allgemeine Sprechen über Abschiede zu unterschiedlichen Reaktionen führen, sodass u. U. einige Kinder weinen müssen, weil sie sich an bestimmte Situationen erinnern. Über diese Erfahrungen kann dann das Thema Tod weiter behandelt werden.

Die ersten beiden Stunden sind so konzipiert, dass sie sich problemlos mit einer der beiden Unterrichtsreihen zum Tod verknüpfen lassen. Es ist aber auch möglich, sofern es die Zeit erlaubt, zunächst alle vier Stunden zum Abschied zu behandeln und daran die weiteren Bausteine der Unterrichtsreihen zum Thema anzuschließen. Alternativ können die hier vorgestellten Unterrichtsstunden zum „Abschied", wie in der Einleitung bereits erwähnt, durchaus auch unabhängig von der Thematik Tod als kurze Unterrichtsreihe eingesetzt werden, beispielsweise, um den Abschiedsgottesdienst mit den Viertklässlern vorzubereiten.

[48] Vgl. Geister, Andreas: adieu. Was zu einem gelungenen Abschied gehört – Artikel auf: https://www.ojc.de/salzkorn/2008/abschied/dank-segen/

2. Mit Kindern im Religionsunterricht über den Tod sprechen und nachdenken

Baustein 1: Über alltägliche Abschiedssituationen im Leben nachdenken

Material:

- Bildkarten *„Koffer, offene Tür, Weg"* (**M6**) (auf DIN A3 vergrößert und laminiert)
- Wort-/Satzkarten mit Abschiedsworten (**M7**), laminiert in einer kleinen Kiste
- Arbeitsblatt *„Abschiedssituationen"* (**M8**)

Zum Verlauf:

1. Die Kinder kommen im Sitzkreis zusammen und die drei Bildkarten *„Koffer"*, *„offene Tür"* und *„Weg"* (**M6**) werden vom Lehrer als stummer Impuls in die Kreismitte gelegt. Spontan äußern die Kinder ihre Ideen und Überlegungen zu den drei Bildern und suchen nach Zusammenhängen der Bildmotive (falls die Kinder sich nicht spontan zu den Bildern äußern, kann mit Teil 2 fortgefahren werden).
2. Nachdem unterschiedliche Überlegungen zu den Bildern angestellt wurden, lässt die Lehrperson die Kinder kurze Wort- und Satzkarten mit Abschiedsworten (**M7**) aus einer Kiste nehmen. Diese werden laut vorgelesen und zu den Bildern gelegt. Gemeinsam wird der Frage nachgegangen, inwiefern die Bilder zu den Worten passen.
3. Die Äußerungen der Kinder werden von der Lehrperson kurz zusammengefasst. Nachdem sich die Kinder das Thema der Stunde erschlossen haben, werden die Karten *„Abschiedsworte"* (**M7**) in die Kreismitte gelegt. Es kann zunächst frei zu dem Wort *„Abschied"* assoziiert werden. Dabei werden sicherlich unterschiedliche Aspekte genannt werden (es kann alternativ auch ein gemeinsames Cluster erstellt werden).
4. In dieser Stunde betrachten die Kinder die vielen kleinen Abschiede eines Menschen an einem einzigen Tag. Alleine oder zu zweit überlegen sie, wie oft sich Menschen oder sie selbst an einem ganz normalen Tag von Menschen und/oder von Tieren, Objekten etc. verabschieden. Sie machen kurze Notizen und malen dazu (**M8**).
5. Die einzelnen Abschiedssituationen werden besprochen und es wird danach gefragt: *Wann und weshalb verabschieden sich Menschen überhaupt voneinander? Wie wäre es, wenn wir ohne Verabschiedung auseinandergingen? Wie fühlt es sich an, wenn jemand einfach so wortlos geht? Wie verabschieden Menschen sich voneinander? Was drücken sie damit aus?*
6. Zum Ende der Stunde stellen einzelne Kinder mithilfe von Standbildern nach, wie sich Menschen voneinander verabschieden (sich umarmen, sich die Hand geben, winken, einen Abschiedskuss zuwerfen etc.) und was sie dabei zueinander sagen können. Dabei sollen sich die Kinder bewusst machen, dass kürzere Abschiede zum alltäglichen Leben gehören und Menschen sich voneinander verabschieden, um zum einen Achtung und Freundschaft beim Fortgehen auszudrücken, zum anderen Verabschiedungen aber auch zu einem respektvollen, achtsamen und wertschätzenden Umgang miteinander gehören.

Baustein 2: Über besondere Abschiede im Leben und verschiedene Gefühle sprechen

Material:

- Satzstreifen (**M9**): *„Wenn ich das Wort Abschied höre, denke ich an ...", „Wenn ich Abschied nehmen muss, fühle ich mich ..."*
- Chiffontücher (optional)
- Wortkarten (**M9**): *„Ort", „Mensch", „Tier", „Gegenstand"*
- *„Mein besonderer Abschied"* (**M10**)
- Optional: Bilder zu verschiedenen Abschiedssituationen (von der Lehrperson mitzubringen)

Zum Verlauf:

1. In der Kreismitte steht eine Kerze, um die herum einfarbige Chiffontücher drapiert sind. Die Lehrperson legt kommentarlos die Satzstreifen *„Bei dem Wort Abschied denke ich an ..."* und *„Wenn ich Abschied nehmen muss, fühle ich mich ..."* (**M9**) mehrmals kopiert auf die Tücher (so, dass jedes Kind die Sätze lesen kann). Die Kinder ergänzen die Sätze mit ihren eigenen Worten und tauschen sich über ihre Gedanken aus. Dabei können sie von besonderen eigenen Abschiedssituationen sowie den damit verbundenen Gefühlen erzählen.
2. Es wird überlegt, welche Situationen des Abschieds es überhaupt gibt, von wem oder was wir uns verabschieden können und es wird zwischen kurzen, eher leichten und langen, schweren Abschieden unterschieden.
3. Die Lehrkraft legt die Wortkarten *„Ort"*, *„Person"*, *„Tier"*, *„Gegenstand"* (**M9**) in die Mitte und weist darauf hin, dass es sich bei diesen Abschiedssituationen/Erlebnissen um eine Person oder ein

Tier handeln kann, aber auch um einen Gegenstand oder einen Ort.

4. Während der Arbeitsphase erhalten die Kinder Gelegenheit, über besondere Abschiedssituationen im Leben von Menschen oder über ihre persönlichen Abschiedserlebnisse nachzudenken. Die Kinder schreiben und malen zu einer besonderen Abschiedssituation und beschreiben die damit verbundenen Gefühle. Sie können wählen, ob sie nur eine spezifische Situation beschreiben und darstellen möchten oder mehrere (**M10**). Sollte es Schwierigkeiten bei der Ideenfindung geben, hält die Lehrkraft zur Differenzierung Bilder zu verschiedenen Abschiedssituationen bereit. Die Bilder können den Kindern dabei helfen, Abschiede zu beschreiben oder sich auch an eigene zu erinnern.
5. Nach der Arbeitsphase kommen alle im Kreis zusammen, um die Ergebnisse vorzustellen. Gemeinsam wird festgehalten, dass Abschiede unterschiedliche Gefühle hervorrufen können. Diese Gefühle werden auf Karten gesammelt und in die Kreismitte gelegt.
   - *Welche Gefühle verbindest du mit diesem Abschied? Freude, Neugierde auf etwas Neues, Aufbruch, Dankbarkeit, Angst, Wut, Trauer, Verlassenheit, Einsamkeit, ...*

   Es können auch Adjektive gesammelt werden.
   - *Wie fühlt es sich an? schwer, leicht, schön, lustig, traurig, alleine, einsam, spannend, ...*

   Der Frage, welche Abschiede leicht und welche schwerfallen, wird nachgegangen.
   - *Weshalb sind manche Abschiede leicht und mit Freude verbunden und manche sehr schwer und machen uns traurig?*

Es wird herausgearbeitet, dass es Abschiede für kurze, aber auch für längere Zeit gibt und dass manche Abschiede sogar für immer sind. Und dass das Wiedersehen nach einem Abschied wichtig ist und Freude bereitet, das Nicht-Wiedersehen(-Können) nach einem Abschied hingegen sehr schmerzhaft ist.

Baustein 3 und 4: Abschiede in der Bibel

Material:

- Bilder aus der Bibel
- Arbeitsblätter *„Abschiede in der Bibel"* (**M11**) sowie *„Abschied – Geschichte von Rut: Ich bleibe bei dir"* (**M12**)
- Bilder von Abschiedsszenen aus der Bibel (farbige Kopien aus Kinderbibeln vergrößert, von der Lehrperson mitzubringen)

Zum Verlauf:

1. Die Kinder versammeln sich im „Kinositz" vor der Tafel. In der Tafelmitte hängen unterschiedliche Bilder von Abschiedsszenen aus der Bibel (farbige Kopien aus Kinderbibeln vergrößert): *„Abraham verlässt sein Land", „Mutter legt Moses in den Korb und übergibt ihm dem Nil", „Moses verlässt Ägypten und führt die Juden ins gelobte Land", „Noomi verliert ihren Mann und ihre Söhne", „Rut verliert ihren Ehemann", „Jesus verabschiedet sich kurz vor seinem Tod von seinen Jüngern"*.
2. Die Lehrperson erzählt, dass auch in der Bibel immer wieder von Abschieden die Rede ist. Die Kinder erinnern sich an die Bibelgeschichten, die sie bisher kennengelernt haben, und berichten von Abschiedssituationen in den Geschichten. Die Lehrperson kann einige Bibelzitate zu einzelnen Geschichten vorlesen.
3. Die Kinder erhalten die Aufgabe, in verschiedenen Kinderbibeln nach Abschiedssituationen zu forschen bzw. einzelne Bibelstellen noch einmal gezielt nachzulesen und ihre Entdeckungen zu notieren (**M 11**).
4. Die Arbeitsergebnisse werden vorgestellt. Ausgewählte Bibelgeschichten können nun gemeinsam genauer betrachtet werden. Zu der Bibelgeschichte von Rut erhalten die Kinder das Arbeitsblatt *„Ich bleibe bei dir"* (**M 12**). Dabei beschäftigen sie sich mit der Möglichkeit, in einer solchen oder ähnlich schweren Situation selbst ein Begleiter für jemanden zu sein.
5. Abschließend wird gemeinsam erarbeitet, dass Abschiede uns helfen, neue Wege zu gehen und die Menschen in der Bibel Gott als schützenden Begleiter und Ansprechpartner erfahren haben, auch wenn die Zeiten oft nicht einfach waren.

M6 Bildkarten zum Thema Abschied

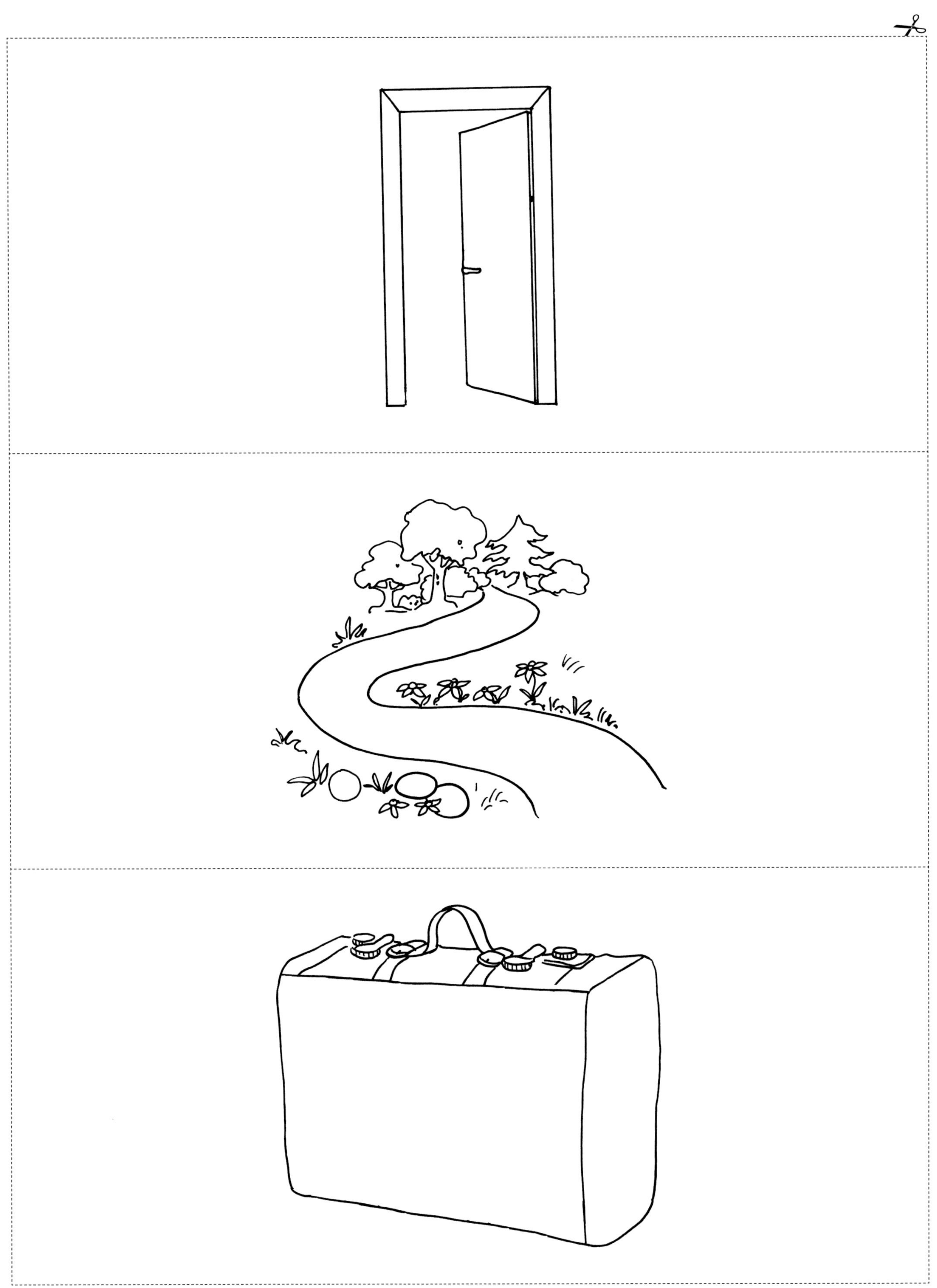

M7 Wortkarten zum Thema Abschied

Tschüss!	Auf Wiedersehen!
Schön, dass du da warst …	Gehe mit Gottes Segen.
Du wirst uns fehlen.	Lass mal etwas von dir hören.
Bis später!	Bleib gesund!
Melde dich bei uns.	Gott behüte dich.
Mach' es gut!	Gute Reise!
Pass auf dich auf.	Es war eine tolle Zeit.
Komm' bald wieder.	Ich werde dich vermissen.
Gott sei mit dir.	Wir werden uns bald wiedersehen.

M8 Abschiedssituationen

Überlege, wie oft du dich an einem ganz normalen Tag von einem Menschen oder auch von einem Tier verabschiedest. Schreibe und male zu deinen Abschiedssituationen.

M9 Abschiedskarten

Wenn ich das Wort Abschied höre, denke ich an ...

Wenn ich Abschied nehmen muss, fühle ich mich ...

Ort

Person

Tier

Gegenstand

M10 Mein besonderer Abschied

Das war ein besonderer Abschied für mich:

Schreibe und male, welcher Abschied für dich in deinem Leben besonders wichtig war. Du kannst auch mehrere Abschiede beschreiben. Wie hast du dich bei diesen Abschieden gefühlt?

Das kann ein Abschied von einem Menschen, von einem Tier, von einem Ort oder einem Gegenstand sein.

M11 Abschiede in der Bibel

1. **Wähle eine Bibelgeschichte aus und überlege, ob und wie das Thema Abschied in dieser Geschichte vorkommt: Abraham, Rut, Josef, Mose, Jesus.**

   Tipp: Falls du dich nicht mehr so genau an die Geschichten erinnern kannst, lies in einer Kinderbibel nach.

2. **Schreibe auf: Für welche Geschichte hast du dich entschieden?**

   ____

3. **Fülle die Tabelle zu der Geschichte aus.**

Geschichte von	Ort	Personen	Gefühle

4. **Welche Abschiede kommen in der Geschichte vor? Schreibe auf.**

   ____

   ____

   ____

5. **Wie fühlen sich die Menschen in der Geschichte bei ihren Abschieden? Fällt ihnen der Abschied leicht oder schwer? Begründe deine Meinung.**

   ____

   ____

   ____

   ____

M12 Abschiede in der Bibelgeschichte von Rut

1. Lies den folgenden Abschnitt zur biblischen Geschichte von Rut.

Noomi, eine ältere Frau, hat ihren Mann und ihre beiden Söhne verloren. Ihr Mann und einer ihrer Söhne starben an einer Krankheit und der andere Sohn verunglückte. Diese Situation ist für die Frauen nicht nur traurig, sondern auch sehr schwierig, denn Frauen brauchten zu dieser Zeit den Schutz und die Fürsorge eines Mannes, um zu überleben. Noomi beschließt deshalb, zurück zu ihrem Volk nach Bethlehem zu gehen. Ihre beiden Schwiegertöchter Rut und Orpa, die mit Noomis Söhnen verheiratet waren und nun auch verwitwet sind, lieben Noomi sehr und begleiten sie. Doch Noomi bekommt unterwegs Angst, dass die beiden Frauen in der Fremde keinen neuen Mann finden werden, wenn sie mit ihr kommen. Deshalb schickt Noomi die beiden jungen Frauen zurück. Doch nur Orpa geht zurück. Rut weigert sich, sie will Noomi begleiten.

2. Was geht Ruth und Orpa bei diesem Abschied durch den Kopf? Schreibe deine Gedanken zu den Bildern auf und überlege, weshalb die beiden jungen Frauen unterschiedliche Wege gehen.

2.3 Unterrichtsreihen zum Tod: Sachbezogene Hinweise und Lernchancen

Im folgenden Kapitel werden zwei Unterrichtsreihen vorgestellt, die beispielhaft zeigen, wie die Themen „Tod und Trauer" im Religionsunterricht behandelt werden können. Da sich die sachbezogenen Überlegungen sowie die Lernchancen in großen Teilen überschneiden und für beide Reihen gleichermaßen Gültigkeit haben, werden diese hier vorab in den folgenden Abschnitten aufgeführt.

Bibel – Altes Testament

Die Bibel berichtet an vielen Stellen von den Themen Tod und Trauer und reflektiert auf diese Weise, dass das menschliche Leben schon immer von einer Auseinandersetzung mit dem Tod geprägt war. Im Alten Testament wird der Tod als Schattenexistenz („*Scheol*") beschrieben. Diese Unterweltvorstellung herrschte lange vor und zeigte die große Angst der Menschen vor dem Tod. Der Tod wurde als radikale Trennung vom Leben gesehen, der keine positiven Gestaltungsmöglichkeiten mehr zulässt. Von Bedeutung für die Lebenden waren zu dieser Zeit die Begräbnis- und Trauerriten, denn sie halfen den Menschen bei der Verarbeitung des Todes und beim Umgang mit den Gedanken an den eigenen Tod.[49] Auch wenn in der hebräischen Bibel nur wenige Hinweise existieren, dass die Grenze des Todes überwunden werden kann, so findet sich doch in den Makkabäerbüchern sowie im Buch der Weisheit Salomos vermehrt der Ansatz einer Überzeugung, dass der Tod des Menschen durch die Macht Gottes überwunden werden kann.[50] Im Alten Testament wird erst gegen Ende, im Buch Daniel, ausdrücklich von der Auferstehung der Toten gesprochen.[51]

Ein zentrales und immer wiederkehrendes Thema ist der Tod vor allem auch in den Psalmen. Hier wurde auf besondere Weise von Todesangst und dem Gefühl der Gottverlassenheit berichtet, gleichzeitig beinhalten die Psalmen aber auch Trost- und Vertrauensworte, die von Zuversicht und Hoffnung erzählen.[52] Da Psalmen in den folgenden Unterrichtsreihen miteinbezogen werden (wobei sie in der zweiten Reihe den Schwerpunkt darstellen), sollen diese nachstehend näher betrachtet werden, wobei deren Bedeutung für die Verknüpfung mit dem Thema Tod im Unterricht besonderes Augenmerk erfährt.

Psalmen – Klage und Trost

Das „*Buch der 150 Psalmen*" ist eine Sammlung von ca. 2500 bis 3000 Jahre alten Liedern, Gebeten und Gedichten, deren Sprache kommunikativ und emotional ist. Das Wort „*Psalmen*" stammt aus dem Hebräischen („*tehillim*") und ist mit „*Lobgesänge*" oder „*Loblieder*" zu übersetzen. In den Psalmen geht es um jahrtausendealte Grundfragen und -erfahrungen sowie Gefühlsstimmungen der Menschen, welche in einer bildhaft verdichteten Sprache zum Ausdruck gebracht werden. Die Psalmen erzählen von Gefühlen der Trauer und Verzweiflung ebenso wie von Hoffnung und Zuversicht und wenden sich dankend, lobend, klagend und bittend an Gott. Die Psalmbeter haben menschliche Gefühle so in Worte gefasst, dass sie bis heute gültig sind, Lebenserfahrungen widerspiegeln und die Menschen berühren.[53]

Ausgewählte Psalmworte rufen dem Theologen Ingo Baldermann zufolge Erlebnisse und Erfahrungen, Empfindungen und Bilder wach, die versprachlicht werden müssen. Eigene Erfahrungen und Fragen treten auf diese Weise in Beziehung zum biblischen Text.[54] Auch Kinder fühlen sich von diesen uralten Worten in ihrer Lebenswirklichkeit angesprochen und werden durch sie angeregt, eigene Gefühle, Gedanken und Erlebnisse auszudrücken. Dabei ist es wichtig, die Kinder nicht mit ganzen Psalmentexten zu konfrontieren, sondern den Fokus auf ausgewählte Verse (Psalmworte) zu legen.[55] Kinder werden durch die Auseinandersetzung mit Psalmworten dabei unterstützt, für emotionale Erfahrungen eine Sprache zu finden.

Gerade über das Thema Tod und Trauer wird mit Kindern häufig nicht gesprochen oder es werden beschönigende Darstellungen verwendet und möglichst rasch Hoffnungsbilder aufgezeigt, um die Kinder zu trösten und nicht zu ängstigen. Hoffnungsbilder können jedoch nur dann tragfähig sein, wenn sie die real vorhandene menschliche Existenz mit all ihren Widersprüchlichkeiten und Dissonanzen nicht negiert. Deshalb ist es von zentraler Bedeutung, dass Kinder auch die Möglichkeit erhalten, Ängste und Traurigkeit zuzulassen und zu benennen.[56] Die Worte der Klagepsalmen ermöglichen ihnen, auch

[49] Vgl. Hieke, Thomas: Der Tod und seine Überwindung. Was die Bibel sagt, 2016, S. 9, 10.
[50] Vgl. Ebd. S. 11,12.
[51] Vgl. Baldermann, Ingo: Auferstehung sehen lernen. Entdeckendes Lernen an biblischen Hoffnungstexten, 1999, S. 52.
[52] Vgl. Baldermann, Ingo: Wer hört mein Weinen? Kinder entdecken sich selbst in den Psalmen, 2008.
[53] Vgl. Ohler, Annemarie: dtv-Atlas Bibel, 2011, S. 107.
[54] Vgl. Oberthür, Rainer: Psalmwort-Kartei. In Bildworten der Bibel sich selbst entdecken, 1995, S. 8.
[55] Vgl. Baldermann, Ingo: Wer hört mein Weinen? Kinder entdecken sich selbst in den Psalmen, 2008, S. 11.
[56] Vgl. Plieth, Martina: Kind und Tod. Zum Umgang mit kindlichen Schreckensvorstellungen und Hoffnungsbildern, 2007, S. 29–30.

2. Mit Kindern im Religionsunterricht über den Tod sprechen und nachdenken

Kummer und Trauer in Worte zu fassen und Bilder für diese Gefühle zu finden, um die Sprachlosigkeit zu überwinden. Die wirkmächtige Bildsprache der Psalmen regt dazu an, über Gefühle in bestimmten Situationen nachzudenken und eine Sprache zu finden, auch für Lebenssituationen, die sprachlos, verzweifelt und mutlos machen. Baldermann beschreibt die Klagepsalmen als Worte für elementare Angst, gleichzeitig aber auch als Worte des Widerstands gegen die Angst, da sie zeigen, dass die Menschen auch in leidvollen Situationen nicht verstummt sind, sondern vielmehr ihr Leid ausgesprochen und anklagend vor Gott getragen haben. Inmitten der Angst haben Menschen aber auch Gegenerfahrungen gemacht und Worte gefunden, die von Vertrauen und Trost sprechen, diese werden der Angst entgegengesetzt.[57] Dadurch, dass die Kinder von Menschen erfahren, die sich in verzweifelten Lebenslagen an Gott gewandt und daraus Zuversicht geschöpft haben, wird eine neue, Hoffnung schöpfende Perspektive eröffnet. Das Weitersuchen und -fragen nach Gott kann unterstützt werden und zu einer Weiterentwicklung des Gottesbildes führen.[58]

In beiden Unterrichtsreihen erhalten die Kinder die Möglichkeit, sich kreativ und individuell mit Psalmworten auseinanderzusetzen. Dabei steht das Zusammenbringen ausgewählter Klage- und Trostworte der Psalmen mit eigenen Gedanken und Gefühlen im Zusammenhang mit der Trauer im Mittelpunkt. Verschiedene kreative Angebote ermöglichen es den Kindern, hier einen eigenen Zugang zu den Worten zu finden, diese auf eine Trauersituation zu beziehen und eine Sprache für bedrückende Gefühle zu entwickeln. Es ist wichtig, dass die Kinder zwischen Klage- und Trostworten wählen können, denn so erhalten sie je nach Stimmung und Erfahrung Gelegenheit, sich mit unterschiedlichen Gefühlen zu beschäftigen und eigene Worte oder Bilder für Gefühlslagen zu entdecken, ohne dass ihnen ein bestimmter Weg vorgegeben wird. Die Schüler werden auf diese Weise nicht vorschnell in eine bestimmte Richtung gedrängt, die ausschließlich Hoffnung, Trost und Gottes Nähe verspricht. Es wird eine Verknüpfung zu den alttestamentlichen Psalmen der Klage hergestellt. Viele Kinder haben in diesem Alter bereits schmerzliche Erfahrungen wie Abschiede, Trennungen, Verzicht oder Verluste durch einen mittelbaren oder unmittelbaren Todesfall in ihrem Leben gemacht und kennen Situationen, in denen sie sich einsam, verlassen und verzweifelt fühlen. Die Worte der Klage verdeutlichen den Kindern, dass sie in verzweifelten Lebenssituationen auch fragen und klagen dürfen, wie es die Menschen aus der Bibel schon vor vielen tausend Jahren getan haben.[59] Sie erfahren dabei, dass das Aussprechen und Ausdrücken von Gedanken und Gefühlen hilfreich und befreiend sein kann. Bewusst stehen neben der Klage die Trost- oder Vertrauensworte, die stärken und Mut machen. Durch das Nebeneinanderstellen von Klage und Trost wird Trauer nicht sofort durch Trost ersetzt. Die Kinder können für sich überlegen, wie sie das Gefühl wahrnehmen und Klage und Trost auch einfach nebeneinander stehen lassen. Dabei erfahren sie auch, dass Trauer von abwechselnden Gefühlen bestimmt wird. Für die Unterrichtsreihen wurden Psalmworte ausgewählt, die besonders eindeutig in ihrer Bildsprache sind und sich mit der Lebenswelt der Kinder verknüpfen lassen. In den ersten assoziativen Äußerungen und Gesprächen zu Psalmworten kommen Kinder oft auch auf Gott zu sprechen. Darauf wird zunächst nicht näher eingegangen, um eigene Assoziationen und Interpretationen der Kinder nicht vorwegzunehmen.[60] Die Trostpsalmen führen Kinder zu weiterführenden Gedanken und es kommt zu Äußerungen, dass manchmal ja gerade die Familie nicht tröstet, weil keiner zuhört und für einen da ist. In diesem Zusammenhang kommen Kinder von selbst über die Frage nach Gott miteinander ins Gespräch.

Bibel – Neues Testament

Im Neuen Testament erscheint der Tod nicht ausschließlich in Zusammenhang mit der Auferstehung, er kommt hier in unterschiedlichen Facetten vor. So war das jüdische Volk sich zur Zeitenwende nicht einig, ob es eine Auferstehung nach dem Tode gibt. Während bei den Sadduzäern die Vorstellung eines Schattendaseins (Scheol) vorherrschte, die mit einer Ablehnung der Vorstellung einer Auferweckung der Toten einherging, glaubten die Pharisäer an die Auferstehung.[61] Die Realität

[57] Vgl. Baldermann, Ingo: Wer hört mein Weinen? Kinder entdecken sich selbst in den Psalmen, S. 60–79.

[58] Vgl. ebd.

[59] Vgl. Handreichungen zum neuen Testament, Evangelische Religionslehre (Primarstufe) in NRW, S. 245.

[60] Vgl. Leßmann, B.: „Du bist Sonne und wärmst mich!" In Bildern der Psalmen Trost und Hoffnung finden. In: Grundschule Religion 4/2003, S. 23.

[61] Vgl. Tod und Auferstehen, aus: Materialpool zu biblischen Themen (www.bibelwerk.de)

und auch der Ernst des Todes findet sich weiterhin auch im Neuen Testament[62], der Gedanke der Überwindung des Todes findet sich im Neuen Testament allerdings viel stärker als im Alten Testament. Kern der neutestamentlichen Botschaft ist die Auferstehung Jesu, welche den Menschen Hoffnung über den Tod hinaus schenkt.[63] In den neutestamentlichen Schriften heißt es, die Auferweckung Jesu fand durch Gott statt: *„Gott hat ihn von den Toten auferweckt"* (vgl. Röm 10,9). Nun geht es um die Nähe Gottes und den Glauben an einen liebenden Gott, der die Menschen begleitet und das Leben möchte, auch über den Tod hinaus. Erst die Begegnung der Jünger und Jüngerinnen mit dem Auferstandenen und dadurch mit Gott machte die Menschen wieder mutig und zeigte ihnen, dass Jesus nicht im Tod geblieben ist. Diese Erfahrung brachte sie dazu, die „frohe Botschaft" weiterzuerzählen und damit konnten sie vielen Menschen Hoffnung und Zuversicht für das irdische Leben geben.[64]

Das Osterfest ist ein Zeichen dieses Glaubens an die Auferstehung Jesus Christus durch Gott. Das Erzählen der Ostergeschichte und die alljährlichen Osterbräuche gehören zu den zentralen Elementen des Glaubens und der christlichen Gemeinschaft. Die christliche Osterfeier gibt den Menschen mit ihren Riten, Gebeten und Liedern Gewissheit, dass mit dem Tod nicht alles vorbei ist. Anhand der Ostergeschichte wird deutlich, welche Hoffnung in dieser Überlieferung steckt und wie stark der Glaube der Menschen an die Liebe Gottes bis heute ist. Kinder sollten sich im Rahmen einer Unterrichtsreihe zum Tod mit der Bedeutung des Osterfestes für Christen beschäftigen und die verschiedenen Osterbräuche genauer betrachten, dadurch erfahren sie etwas über den christlichen Glauben und die Jenseitsvorstellungen. Indem sie Beerdigungsriten kennenlernen und christliche Symbole auf Friedhöfen erkunden, entdecken sie den Hoffnungsglauben der Menschen, der sich in all diesen Elementen findet.

Der Tod wird durch die Auferstehungshoffnung allerdings keineswegs als unwesentlich begriffen oder gar gänzlich ‚beseitigt'. Er gehört seit jeher zu einer menschlichen Grunderfahrung, die auch Todesangst und Trauer mit sich bringt.[65] So schreibt Baldermann: *„... auch die Hoffnung auf die Auferstehung nimmt uns die Schmerzen des Abschieds nicht ab."* [66] Die Bedeutung der Trauer, des Klagens und das Gefühl der Verlassenheit lassen sich auch durch die Auferstehungshoffnung nicht auflösen. Der Tod ruft dieser Hoffnung zum Trotz auch bei gläubigen Menschen Leid, Schmerz und Trauer hervor – hier herrscht kein Widerspruch. Dies sollten Kinder wissen. Für Kinder kann die Auferstehungshoffnung sonst schnell bedeuten, dass man nicht traurig sein muss, wenn jemand stirbt, weil der Tote ja jetzt bei Gott ist. Erfahren sie dann den Tod im eigenen Leben, können sie die damit einhergehenden Gefühle eines Verlustes u. U. nur schwer einordnen. Das Nachdenken und Sprechen über die christliche Auferstehungshoffnung kann ihnen aber Zuversicht, Hoffnung und Trost vermitteln.

Friedhofskultur und Beerdigungsriten

Friedhöfe und Beerdigungsriten haben eine große gesellschaftliche und kulturelle Relevanz. Einerseits legen sie Zeugnis davon ab, wie wir unsere Toten bestatten und ehren, wie also mit den Toten in unserer Gesellschaft umgegangen wird, andererseits zeigen sie auch, wie bedeutsam die individuelle und soziale Form des Abschiednehmens ist.

Die Beschäftigung mit diesen religiösen Ritualen und Konventionen im Zuge der vorliegenden Unterrichtsreihen vermittelt den Kindern ein Verständnis für den gesellschaftlichen bzw. religiösen Umgang mit den Themen Verlust, Abschied, Tod und Trauer. Indem sie die Bedeutung einiger christlicher Symbole, wie beispielsweise der Osterkerze, die bei einer Trauerfeier als Zeichen für den Auferstandenen steht, kennenlernen, stellen sie eine Verbindung zu christlichen Werten und Hoffnungen her.

[62] Vgl. Hieke, Thomas: Der Tod und seine Überwindung. Was die Bibel sagt, 2016, S. 113.
[63] Vgl. ebd.
[64] Vgl. Tod und Auferstehen, aus: Materialpool zu biblischen Themen (www.bibelwerk.de)
[65] Vgl. Baldermann, Ingo: Auferstehung sehen lernen. Entdeckendes Lernen an biblischen Hoffnungstexten, S. 68.
[66] Vgl. ebd.

2. Mit Kindern im Religionsunterricht über den Tod sprechen und nachdenken

Lernchancen[64]

Die Kinder ...

- entwickeln Fragen und Gedanken zum Tod und tauschen sich mit anderen darüber aus.
- lernen, sich den Tod als natürlichen und unausweichlichen Teil des Lebens bewusst zu machen.
- sammeln Informationen über den Tod und seine Begleitumstände (Beerdigung, Friedhof etc.).
- stellen menschliche Grunderfahrungen wie Trauer, Hoffnung etc. sprachlich oder bildlich dar.
- erkennen, dass Trauer eine natürliche Reaktion auf einen Verlust ist und Zeit benötigt.
- lernen Psalmworte als Bestandteil des Alten Testaments kennen und als Möglichkeit, sich in der Not mit Worten an Gott zu wenden.
- stellen Fragen nach dem Sinn von Leben und Tod und bedenken in diesem Zusammenhang die Frage nach Gott.
- erfahren, dass das Fragen und Suchen nach Antworten zum Menschsein gehört und die Begegnung mit dem christlichen Glauben Perspektiven eröffnet.
- kennen die Ostergeschichte und erkennen Jesus Auferstehung durch Gott als christliche Hoffnung, die den Tod überwindet; kennen weitere christliche Symbole und können diese zuordnen.
- können anderen Schülern zuhören, sich an Gesprächen beteiligen und auf andere eingehen.

2.3.1 Unterrichtsreihe 1: Warum stirbt eigentlich jeder? – Fragen stellen, Informationen sammeln und über Hoffnungsbilder nachdenken

Vorüberlegungen zur Unterrichtsreihe

Gerade der Tod eines Haustieres kann Kinder im Grundschulalter sehr beschäftigen. Es handelt sich dabei oft um die erste unmittelbare Begegnung mit dem Tod, die Kinder persönlich betrifft und daher mit starken Emotionen verbunden ist. Einige Kinder erleben in dieser Zeit auch den Tod der Großeltern mit und nehmen eventuell zum ersten Mal an einer Beerdigung teil. Im Zuge dieser Ereignisse wird das bisher gesammelte Wissen über den Tod sukzessive erweitert und die Vorstellungen entwickeln sich weiter. Der Tod bekommt eine andere Dimension, da er nun eine persönlich-emotionale Ebene erhält. In diesem Alter haben Kinder viele Fragen, die nicht selten unbeantwortet bleiben, wenn niemand mit ihnen ehrlich und einfühlsam über dieses schwierige Thema spricht. Es bietet sich an, mit Kindern über den Tod von Tieren oder Großeltern ins Gespräch zu kommen, denn diese Erlebnisse sind in diesem Alter besonders prägend für ihre Entwicklung.

Anknüpfend an diese für Kinder im Grundschulalter typischen Begegnungen mit dem Tod bietet die vorgestellte Unterrichtsreihe der Lehrperson die Möglichkeit, zwischen zwei Geschichten zu wählen (in der Materialauswahl der Bausteine jeweils als *„Auswahl 1"* bzw. *„Auswahl 2"* bezeichnet): In der ersten Geschichte (**M 13**) stirbt das geliebte Haustier, der Hund der Protagonistin, wohingegen die andere Geschichte den Tod der Großmutter behandelt (**M 14**).

Da hier Themen aus der unmittelbaren Lebenswirklichkeit der Kinder aufgegriffen werden, zeigen sie meist großes Interesse und beginnen, spontan Vergleiche zu ihren eigenen Erfahrungen zu ziehen: *„Wie bei meinem Hund, das hat mein Hund auch immer gemacht, so ging es meinem Hund auch ..."*. Rasch kann so ein reger Austausch zwischen den Kindern über bestimmte Aspekte entstehen.

Bevor eine der beiden Geschichten vorgelesen wird, empfiehlt es sich, mit einer Bildbetrachtung (**M 15**) einzusteigen, sodass die Kinder ihr Vorwissen einbringen und ihre Ideen sowie Emotionen dazu beschreiben können. Die Lehrperson erhält auf diese Weise vorab bereits einen ersten Eindruck über das Interesse und die Gesprächsbereitschaft der einzelnen Schüler. Zur Unterstützung der Bildbetrachtung kann die Lehrperson zudem bei Bedarf die drei Satzkarten *„Ich sehe ..."*, *„Ich denke ..."*, *„Ich frage mich ..."* (**M 16**) heranziehen.

Allerdings ist eine bestimmte Geschichte oder ein bestimmtes Bild nicht für jede Lerngruppe gleichermaßen geeignet. Zuweilen sind einzelne, beispielsweise unkommentiert als stummer Gesprächsimpuls an die Tafel geheftete Wort- und Satzstreifen (**M17**) hilfreicher, um miteinander ins Gespräch zu kommen. Aus diesem Grund werden der Lehrperson auch Wort- und Satzkarten zum Auslegen oder Anheften an die Tafel als Material angeboten (im Folgenden als *„Auswahl 3"* bezeichnet).

Wie hier bereits anklingt, können die Vorschläge und Materialien je nach Lerngruppe dynamisch variiert oder mit anderen Materialien kombiniert wer-

[67] Zusammengestellt aus verschiedenen Lehr- und Bildungsplänen Deutschlands.

den. Die bereits vorgestellten Einstiegsstunden zum Thema „Abschied" (vgl. **Kap. 2.2**) lassen sich ebenfalls mit einzelnen Stunden dieser Reihe verknüpfen. Thematisch sind die Bausteine und Materialien unterteilt in:

- Vorwissen, Fragen und Vorstellungen der Kinder zum Tod
- Informationen zur christlichen Hoffnung (Auferstehung) und Totengedenktage
- Begleitumstände des Todes (Friedhof, Beerdigung)
- Trauer und Trost (Psalmen)

Für die gesamte Reihe wird den Kindern das bereits in **Kap. 2.1** vorgestellte Begleittagebuch bereitgestellt (vgl. **M 2**). Ferner ist im Rahmen der Reihe ein Friedhofsbesuch als außerschulischer Lernort vorgesehen (vgl. ebenfalls **Kap. 2.1**).

Zu allen Bausteinen finden sich im Folgenden jeweils kurze einleitende Informationen für die Lehrperson. Anstelle der hier vorgestellten Geschichten können die Bausteine auch mit einem pädagogisch und thematisch geeigneten Bilderbuch Ihrer Wahl kombiniert werden (dies schließt auch das in Unterrichtsreihe 2 vorgeschlagene Bilderbuch *„Abschied von Rune"* mit ein).

Jede Lehrperson entscheidet für sich, wie sie einzelne Bausteine einsetzen und ausgestalten möchte. Dabei sollte der Blick immer auf die Situation der eigenen Lerngruppe gerichtet sein, um so einzelne Schüler zu berücksichtigen. Auf dieser Basis können Entscheidungen getroffen werden, welche Schwerpunkte zu setzen sind und welche Aspekte sich zur besonderen Vertiefung eignen. Eine Unterrichtsreihe zum Tod bezieht stets die Lernausgangslage der Kinder ein und wird entlang der Fragen der Kinder entwickelt.

Jede Stunde sollte gemeinsam im Kreis mit einem Ritual starten und enden (siehe Kap. **2.1**). Zudem bereitet die Lehrperson das Begleittagebuch aus **Kap. 2.1** (**M2**) für jedes Kind vor.

Baustein 1: Vorwissen aktivieren und eigene Fragen formulieren

Die Kinder bringen ein unter Umständen stark variierendes Vorwissen über den Tod mit in den Unterricht und entsprechend vielseitig gestalten sich ihre Fragen. Es ist hilfreich, die Fragen der Kinder gemeinsam zu sammeln und zu kategorisieren. Dabei können bzw. müssen Fragen durchaus auch unbeantwortet bleiben. Die Kinder erhalten keine fertigen Antworten seitens der Lehrperson. Das Nachdenken über ein schwieriges Thema sowie die Überlegungen und Antworten der Kinder stehen im Mittelpunkt.

Material:

- **Auswahl 1:**
  - Geschichte *„Was ist mit Buja?"* (**M13, Teil 1**)
  - Bild *„Trauriges Mädchen mit Foto eines Hundes"* (**M15**), mehrmals groß (beispielsweise auf A3) kopiert oder mit einer Dokumentenkamera an die Wand geworfen
  - Karten zur Bildbetrachtung: *„Ich sehe ...", „Ich denke ...", „Ich frage mich ..."* (**M16**) (kopiert und laminiert)
- **Auswahl 2:**
  - Geschichte *„Oma ist tot! Das kann nicht sein!"* (**M14, Teil 1**)
  - Bild *„Junge auf einem Friedhof"* **(M15)** (mehrmals groß kopiert oder mit einer Dokumentenkamera an die Wand geworfen)
  - Karten zur Bildbetrachtung (**M16**)
- **Auswahl 3:**
  - Arbeitskarten: *„Abschied für immer", „Tod", „Das weiß ich schon", „Das möchte ich wissen"* und Bildkarten *„Figur mit Ausrufezeichen"* und *„Figur mit Fragezeichen"* (**M 17**), jeweils auf A4 vergrößert und laminiert zum Anheften an die Tafel
- Begleittagebuch *„Wie ist das mit dem Tod?"* (**M2**) (ein Exemplar je Kind)
- Evtl. Pinnwand/Reißzwecken oder Plakat; kleine Kiste mit Fragen als Hilfestellung

Zum Verlauf:

1. [Auswahl 1 oder 2] Die Unterrichtsstunde beginnt mit einer Bildbetrachtung (**M15**). Die Kinder ergänzen hierzu die Sätze *„Ich sehe ...", „Ich denke ...", „Ich frage mich ..."*. (**M16**) Die Lehrperson trägt daraufhin den ersten Teil einer der beiden ausgewählten Geschichten vor. Nach dem Vorlesen kann nach einer kurzen Pause, in welcher die Kinder das Gehörte reflektieren, ein Gespräch mit folgenden Fragestellungen eröffnet werden: *Welche Fragen gehen dir durch den Kopf, wenn du über den Tod nachdenkst bzw. an den Tod denkst? Gibt es schon etwas, das du über den Tod weißt?*

   [Auswahl 3] Falls die Lehrperson alternativ ohne Bild und Geschichte einsteigen möchte, können zu Beginn der Stunde auch nur die Satz- und Bildkarten (**M15, M16**) ausgelegt oder in die Mitte der Tafel gehangen werden. Links und rechts werden die Karten „*Das weiß ich schon*“ und „*Das möchte ich wissen*“ sowie die entsprechenden Bildkarten „*Figur mit Ausrufezeichen*“ und „*Figur mit Fragezeichen*“ dazugelegt/geheftet (ebenfalls **M17**). Gemeinsam werden daraufhin Vorwissen und Fragen zum Tod gesammelt.

2. Die Kinder erhalten nun Gelegenheit, ihr Vorwissen und Fragen zum Thema für sich aufzuschreiben. Jedes Kind erhält zu diesem Zweck das von der Lehrperson vorbereitete Begleittagebuch (**M2**), welches während der gesamten Unterrichtsreihe immer wieder zum Einsatz kommt und die Kinder begleiten soll. Sie erhalten hierzu die Aufgabe: *Notiere dein Wissen und deine Fragen zum Tod in deinem Begleittagebuch*. Die Kinder arbeiten während dieser Phase in Einzelarbeit an einem ruhigen Platz. Im Hintergrund läuft leise meditative Musik.
3. Zum Ende der Stunde kommt die Lerngruppe wieder im Kreis zusammen. Die Lehrperson kann zum Einstieg noch einmal an die jeweilige Geschichte anknüpfen. Die Kinder tragen zunächst ihr bisheriges Wissen zum Thema Tod zusammen, anschließend können sie ihre Fragen vorlesen. Diese können gemeinsam auf einem Plakat oder an einer Pinnwand gesammelt und bestimmten Kategorien zugeordnet werden (beispielsweise „Beerdigung“, „Leben nach dem Tod“ etc.). Dabei können die Kinder zunächst gemeinsam überlegen, ob bestimmte Fragen zusammenpassen, wodurch sie auch zu einer weitergehenden Reflexion gelangen können. Der Austausch des Vorwissens und die Formulierung von eigenen Fragen regen zum Nachdenken und Weiterfragen an. Gemeinsam kann bereits überlegt werden, auf welche Fragen Antworten gegeben werden können – und welche offenbleiben müssen. Die Fragen der Kinder werden während der gesamten Reihe immer wieder einbezogen und ergänzt, gefundene Antworten werden dazu im Begleittagebuch festgehalten.

Differenzierungsmöglichkeit:
Falls in einer Gruppe nur wenige Fragen formuliert werden können oder einzelne Kinder Schwierigkeiten haben, sich zum Thema zu artikulieren, sollte die Lehrperson einige Fragen in einer Kiste bereithalten, die als Impulsgeber fungieren und die Kinder zum Weiterfragen anregen können (z. B. „*Wie kann der Tod bei einer Person festgestellt werden?*“ „*Woran können Menschen sterben?*“ „*Wie alt können Menschen werden?*“ etc.).

M13 Vorlesegeschichte „Was ist mit Buja?“

Was ist mit Buja? (Teil 1)

Es waren Ferien, Ferien in Holland. Lisa liebte diese zwei Wochen, die sie mit Oma, Opa, Papa, Mama, ihrem Bruder Kai und ihrem Hund Buja am Strand verbringen konnte. Da war es, das kleine rote Strandhaus, sie konnte es schon von Weitem sehen, als sie sich mit dem Auto endlich dem Ferienort näherten. Für Buja hatte sie dieses Mal einen ganz besonderen kleinen Koffer gepackt, einen „Hundekoffer“ mit seinem Lieblingsspielzeug darin, einem Knochen, einer weichen Decke und einem neuen Hundehalsband mit seinem Namen sowie einem Glitzerstein daran. Als sie endlich am Ferienhaus ankamen, rannten Buja, Kai und Lisa sofort den langen Strand entlang, sprangen ins Wasser und spritzten sich nass. Buja konnte schneller rennen als der Wind und lauter bellen als alle Hunde der Welt. Und er half Lisa auch immer mit der Schnauze beim Ausbuddeln von Muscheln am Strand, die Lisa so gerne sammelte. Wenn sie nach dem Spielen am Strand jeden Abend in der Küche das Essen zubereiteten, stand Buja immer dabei und versuchte, ein Leckerli abzubekommen. Die Ferien waren toll! Als die Schule wieder anfing, erzählte Lisa den Kindern aus ihrer Klasse von ihren Erlebnissen mit ihrem Bruder Kai und ihrem Hund Buja.

Eines Abends saß Lisa mit ihren Eltern zu Hause in der Küche und malte an ihrem Strandbild, das sie gleich noch mit Muscheln verzieren wollte, die sie zuvor am Strand gesammelt hatte. Da merkte sie plötzlich, dass mit Buja etwas nicht stimmte, denn er lag eingerollt in seinem Körbchen, bewegte sich kaum und hatte sein Futter noch gar nicht angerührt. Und das, obwohl Buja doch immer so ein Vielfraß war! Kai saß schon eine ganze Weile still bei ihm und streichelte ihn. Lisa setzte sich auch dazu und kraulte Buja hinter den Ohren. „Was ist mit Buja? Wieso frisst er nichts und liegt nur rum? Das hat er noch nie gemacht!“, sagte sie mit bedrückter Stimme. Sie bekam große Angst und begann zu weinen. Kai beruhigte sie. Er glaubte, dass Buja sich nur etwas ausruhen müsse. Mama und Papa setzten sich nun auch auf den Boden zu Buja und sprachen mit leisen Stimmen mit ihm. Das schien ihm gutzutun. Aber auch am nächsten Morgen ging es Buja nicht besser. Deshalb fuhren Lisa, Kai und Papa mit Buja gleich zum Tierarzt, Doktor Heinemann. Er untersuchte Buja gründlich, seufzte und streichelte ihn lange, dann sagte er, dass Buja sehr krank sei. Er habe eine Herzkrankheit. Der Doktor gab ihnen ein Medikament mit, das sie jeden Morgen und Abend in Bujas Futter mischen sollten.

Mehrere Tage schon lag Buja nun zu Hause in seinem Körbchen und bewegte sich kaum. Auch sein Futter rührte er so gut wie gar nicht an. Die Medikamente vom Arzt halfen einfach nicht. Buja war sehr krank und es ging ihm von Tag zu Tag immer schlechter. Lisa war verzweifelt und konnte nicht verstehen, weshalb der Arzt ihm nicht helfen konnte. Nach der Schule rannte sie jetzt immer schnell nach Hause, um zu schauen, ob es Buja vielleicht doch wieder besser ging. Doch Buja schaute sie nur an, war aber zu schwach aufzustehen. Lisa kaufte ihm Leckerlis und neue Spielsachen, doch auch das half nicht. Von Tag zu Tag wurde Buja schwächer und eines Morgens war Buja tot.

Er lag ganz steif in seinem Korb und bewegte sich nicht mehr. Lisa schluchzte und schluchzte und wollte einfach nicht verstehen, dass Buja nicht mehr lebte. Buja war tot. Einfach so. Immer wieder sagte Lisa „Ich will das nicht, ich will das nicht, nein, nein, nein und nochmals nein.“ Richtig traurig und wütend zugleich wurde sie dabei und schlug weinend auf ihr Kissen ein. Ihre Mutter nahm sie in den Arm, strich ihr über den Kopf und summte eine beruhigende Melodie. Diese Melodie beruhigte Lisa immer, wenn sie sehr traurig war und auch diesmal half sie. Wenn auch nur ein wenig. Ihre Tränen kullerten und kullerten. Kai kam dazu und weinte auch. Sie saßen einige Zeit so beisammen und das tat allen gut. Auch Mama musste weinen. Als Papa nach Hause kam, setzte er sich zu Lisa und Kai. Er sah auch sehr traurig aus und bekam ganz feuchte Augen. Sie machten die Lichterkette an und setzten sich gemütlich auf die Kissen. Eine ganze Weile schwiegen sie, dann wollte Kai wissen, ob Buja sich wirklich nie wieder bewegen wird und wo Buja jetzt eigentlich war? Und plötzlich schossen auch Lisa tausend Fragen durch den Kopf.

M13 Vorlesegeschichte „Was ist mit Buja?“

Was ist mit Buja? (Teil 2)

Papa und Mama versuchten, Lisas und Kais Fragen zu beantworten. Bei manchen Fragen überlegten sie lange. Mama meinte, dass es vor allem wichtig sei, dass Buja jetzt nicht mehr leiden müsse. Sein Herz hatte einfach keine Kraft mehr und konnte nicht weiterarbeiten. Und wenn das Herz nicht mehr schlägt, stirbt man und ist tot. „Wo Buja jetzt genau ist, können wir euch leider auch nicht sagen“, meinte Papa, aber Mama glaubte fest daran, dass er jetzt irgendwo bei Gott ist.

Mama holte Fotos von Buja und breitete sie alle aus. Das war eine tolle Idee, denn plötzlich hatten Lisa und Kai das Gefühl, Buja sei wieder ganz nah bei ihnen. Sie erzählten den ganzen Abend Geschichten von Buja und ihren gemeinsamen Abenteuern. Lisa malte noch ein Bild von Buja am Strand und Kai brachte Bujas Lieblingsball. Alles sammelten sie in einer Kiste, das war jetzt Bujas Erinnerungskiste. Morgen wollten sie Bujas Körper im Garten begraben.

Lisa und Kai bemalten am nächsten Morgen einen großen Stein, den Mama besorgt hatte. Mit ihrer schönen Schrift schrieb Lisa „Buja“ darauf. Papa hatte im Garten ein Loch gegraben und Bujas Körper in Tücher gewickelt und dort hineingelegt. Als Lisa das sah, fing sie wieder bitterlich an zu weinen und konnte gar nicht mehr aufhören. Sie wollte nicht, dass Buja dort liegen musste. Erst als sie gemeinsam Blumenblätter in das Grab warfen und ihn damit zudeckten, konnte sie aufhören zu weinen. Es sah schön aus und sie sprachen zusammen ein kurzes Gebet, das sie sich am Abend zusammen ausgedacht hatten:

> „Lieber Gott, danke, dass Buja so lange bei uns sein durfte und für die schöne Zeit, die wir mit ihm verbringen durften. Buja war ein guter und treuer Freund für uns, der uns begleitet und beschützt hat. Wir haben tolle Sachen mit ihm erlebt und werden ihn sehr vermissen. Wir legen Bujas Körper jetzt in die Erde und nehmen Abschied von ihm. Wir hoffen, dass es ihm bei dir gut geht. Amen.“

Als sie das Gebet gesprochen hatten, schloss Papa das Loch mit Erde und sie legten gemeinsam den Stein oben auf das Grab. Sie standen noch lange an Bujas Grab. Lisa hielt das Hundehalsband in der Hand und der Stein glitzerte in der Sonne.

Am nächsten Tag in der Schule musste Lisa ständig an Buja denken. Ganz plötzlich liefen ihr die Tränen die Wangen entlang. Im Sitzkreis erzählte sie den anderen Kindern, weshalb sie so traurig war. Viele Kinder hatten auch schon erlebt, dass ein Tier gestorben war, und erzählten davon. Carla meinte, dass Buja immer in Lisas Herzen bleibe und so immer bei ihr sei. Das tröstete Lisa.

Als sie im Jahr darauf wieder in Holland am Strand waren, ließen Lisa und Kai zwei Ballons für Buja fliegen. Sie hatten zwei Postkarten mit vielen Herzen bemalt und an die lange Schnur gebunden. Hoch in die Lüfte flogen die beiden Ballons und Lisa flüsterte „Tschüss, Buja“. In der Tasche hatte Lisa den Glitzerstein von Bujas Halsband und zeigte ihn ihrem Bruder. Er grinste. Mama und Papa hatten Lisa und Kai gefragt, ob sie einen neuen Hund haben wollten. Aber erst einmal wollten sie das nicht, da waren sich Kai und Lisa einig.

M14 Vorlesegeschichte „Oma ist tot! Das kann nicht sein!"

„Oma ist tot! Das kann nicht sein!" (Teil 1)

Oma ist jetzt schon seit einem Jahr tot. Mama findet, dass Opa sich seitdem sehr verändert hat. „Er ist so still geworden, sitzt einfach nur da und schaut in die Ferne", sagt sie oft. Immer wenn ich ihn besuche, schauen wir uns seine alten Fotoalben an, dann finde ich, dass Opa sich gar nicht verändert hat. Er wird dann richtig munter, lacht und erzählt stundenlang. Seine Augen blitzen, wenn er von Oma und ihren gemeinsamen Erlebnissen spricht. Sie haben so viele tolle Fotos gemacht, denn sie haben fast die ganze Welt zusammen bereist. Opa geht es gut, wenn er von ihr erzählt, und mir auch.

Oma und Opa waren 50 Jahre lang verheiratet und haben in dieser Zeit fast keinen Tag ohne einander verbracht. Oma konnte besonders gut schwimmen und versuchte so oft wie möglich, ans Meer zu fahren. Ihr Lieblingsort auf dieser Welt war das Meer, denn im Wasser konnte sie sich schnell bewegen und fühlte sich ganz leicht. Sie war wie ein Fisch, der immerzu ins Wasser musste, und wenn sie nicht ans Meer konnte, ging sie ins Schwimmbad und das fast täglich. Ich habe von ihr schwimmen gelernt und zum Seepferdchen schenkte sie mir ein kleines Seepferdchen aus Stoff. Ich bin genauso gerne am Meer wie Oma und immer, wenn ich mein kleines Seepferdchen raushole, muss ich an sie denken. Eigentlich wollte Oma immer 100 Jahre alt werden. Sie hat es auch fast geschafft. Immerhin ist sie 90 Jahre alt geworden!

Als Oma letztes Jahr gestorben ist, war das sehr schlimm für uns alle, vor allem für Opa. Es ging so schnell, ganz plötzlich musste Oma ins Krankenhaus, weil sie einen Schlaganfall hatte. Sie war im Badezimmer gestürzt und lag auf dem Boden, als Opa sie fand. Opa hatte sofort einen Notarzt gerufen, aber es war schon zu spät. Omas Gehirn hatte keinen Sauerstoff mehr bekommen und konnte deshalb nicht mehr normal arbeiten, hatte Papa mir damals erklärt, und deshalb ist sie schließlich gestorben.

Ich konnte damals nicht glauben, dass meine geliebte Oma einfach tot sein und nie wiederkommen sollte. An dem Tag, als ich von Omas Tod hörte, musste ich dauernd weinen und fühlte mich sehr schlecht. Opa weinte nicht, er war geschockt, sagte kein Wort und wirkte wie versteinert. Erst ein paar Tage später weinte er so heftig, dass Mama ihn ganz fest in die Arme nahm. Auch jetzt muss ich oft noch weinen oder werde sehr wütend, dass Oma nicht mehr da ist.

Ich verstand nicht, dass Menschen sterben mussten und ständig dachte ich nur „Oma ist tot! Das kann nicht sein!" Irgendwann begann ich, Mama und Papa auszufragen. Ich wollte alles über den Tod wissen! Ich merkte aber schnell, dass auch Mama und Papa mir nicht auf alle Fragen antworten konnten und der Tod gar nicht so einfach zu erklären war.

M14 Vorlesegeschichte „Oma ist tot! Das kann nicht sein!"

„Oma ist tot! Das kann nicht sein!" (Teil 2)

Ich durfte damals mit zur Beerdigung gehen, das war ein ganz komisches Gefühl. Auf der Beerdigung hatten alle Leute dunkle Kleidung an. Auch das verstand ich nicht. Lieber wollte ich die hellblauen Shorts und das T-Shirt mit dem Segelschiff auf dem Meer anziehen, das Oma so mochte, aber Mama meinte, dass es sich auf Beerdigungen so gehört, etwas Dunkles anzuziehen. Ich nahm aber heimlich mein Seepferdchen mit und hielt es die ganze Zeit in der Hand. Opa hatte auch dunkle Kleidung an, aber seine Schuhe und seine Fliege waren rot. Das war typisch Opa. Ich wusste, dass Oma es sehr mochte, wenn er die rote Fliege und die roten Schuhe dazu trug. Mama und ihre Schwester blieben die ganze Zeit an Opas Seite.

In der Kapelle stand der Sarg, davor lagen Kränze und Blumen und eine große Kerze brannte. Papa erzählte mir, das sei die Osterkerze. Neben der Kerze stand ein großes Bild von Oma in einem Rahmen. Ein Pfarrer erzählte allen über Omas große Leidenschaft fürs Schwimmen und was für ein freundlicher und herzlicher Mensch sie gewesen war. Viele der Trauernden schienen sich über diese Worte zu freuen, obwohl sie dabei auch weinen mussten. Im Hintergrund spielte jemand Omas Lieblingslied auf einer Orgel. Ich mochte das Lied sehr. Immer wenn ich es hörte, war ich in Gedanken bei Oma, auch damals in der Kapelle. Danach gingen wir alle hintereinander zum Grab. Der Sarg wurde in die Erde gelassen und ich warf noch eine rote Rose hinterher. Lange Zeit saßen Opa, Papa, Mama und ich noch auf einer Bank in der Sonne. Das Grab war noch offen. Wir waren alle ganz still.

Den Friedhof besuchten wir danach regelmäßig. Manchmal ging ich die Gräberreihen entlang und schaute mir die vielen unterschiedlichen Grabsteine und Inschriften darauf an. So viele unterschiedliche Namen! Ich versuchte dabei immer, auszurechnen, wie alt die Person auf dem Grabstein geworden war, denn auf jedem Grabstein stand das Geburts- und Sterbedatum der Person. Auf manchen Grabsteinen standen auch die Namen von mehreren Personen. Mama und Papa erzählten mir, dass dies Familiengräber seien. Es gab große und kleine Gräber, schlichte und reich verzierte, mit Statuen von großen Engeln darauf und manchmal sogar auch Grabsteine mit Fotos von den Verstorbenen.

Auch Omas Grab hatte einige Zeit später einen Grabstein mit einer Inschrift erhalten. Auf ihrem Grabstein stand nur *„Sie ist nicht hier"*. Opa und Oma wollten das so. Als ich Opa fragte, was diese Inschrift denn bedeutet, sagte Opa, dass Oma nicht hier im Grab auf dem Friedhof sei. Opa wusste nicht, wo Oma jetzt war, aber er spürte, dass sie irgendwie immer bei ihm war und dass er die Erinnerung an sie wie einen großen Schatz immer bei sich trug. Diesen Schatz konnte ihm niemand nehmen.

M15 Bilder zu den Geschichten

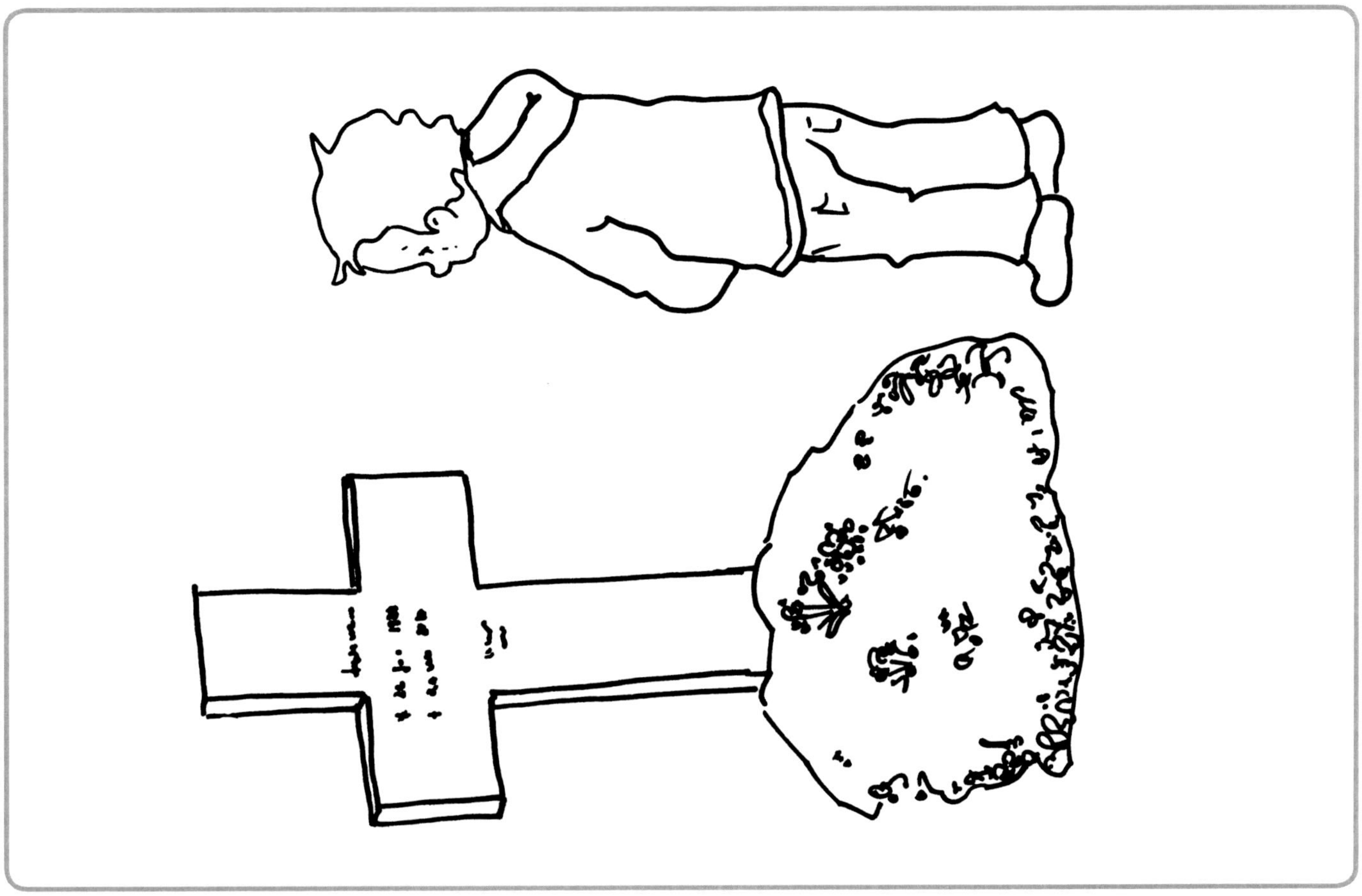

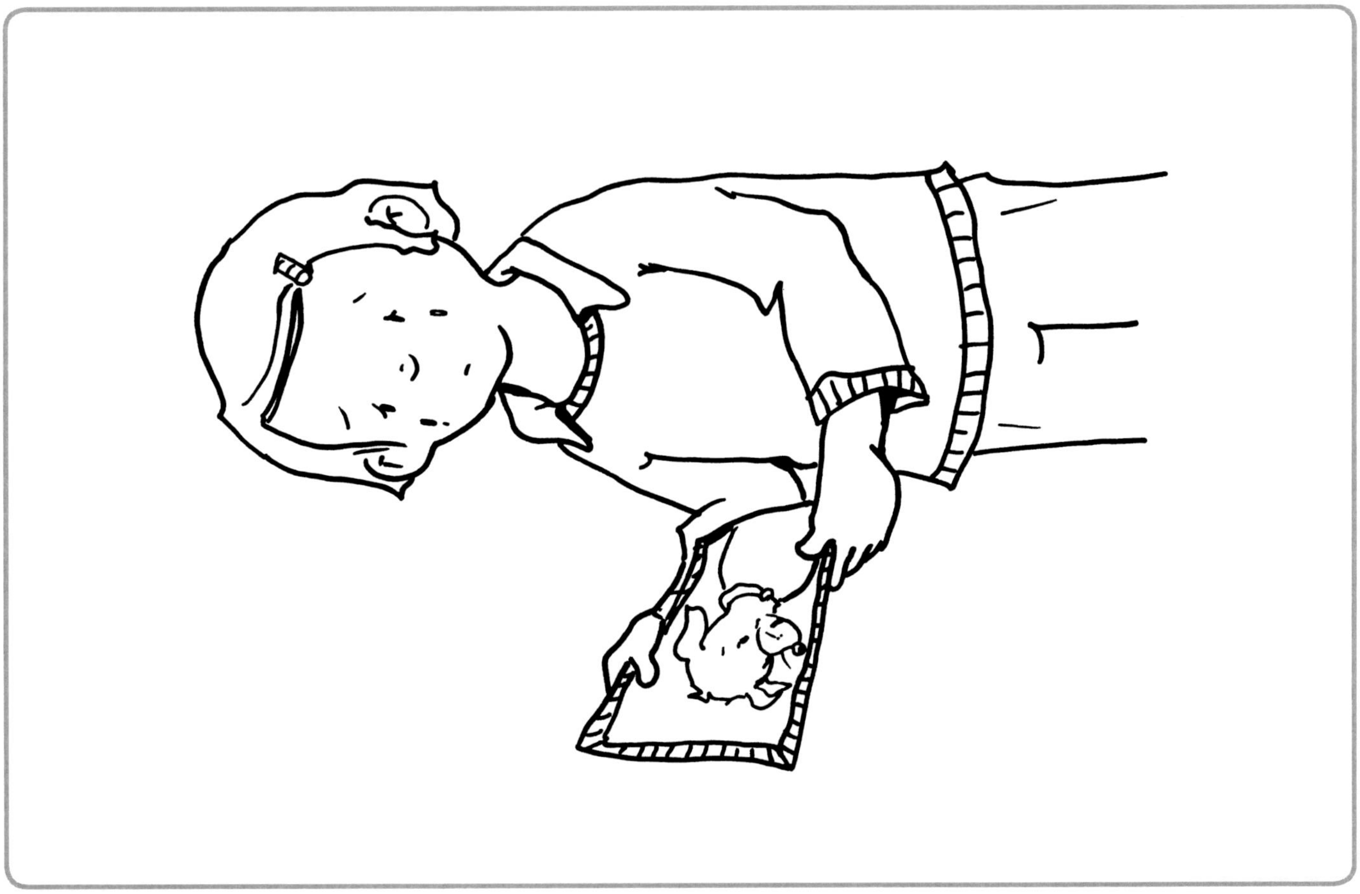

M16 Satzstreifen

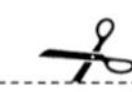

Ich sehe …

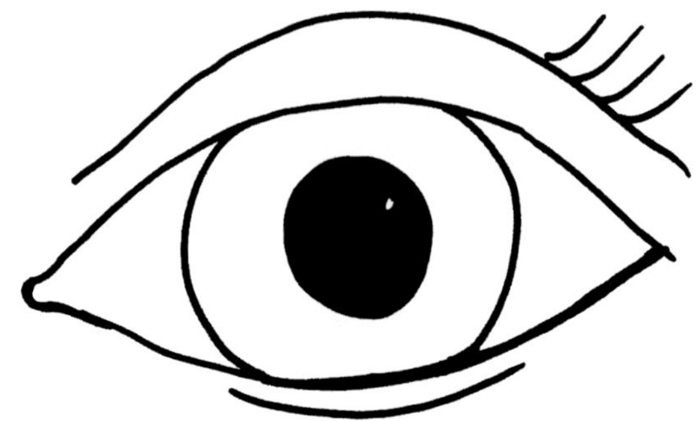

Ich denke …

Ich frage mich …

M17 Arbeitskarten

„Das weiß ich schon …"

„Das möchte ich wissen …"

„Wie ist das mit dem Tod?"

„Abschied für immer …"

2. Mit Kindern im Religionsunterricht über den Tod sprechen und nachdenken

Baustein 2: Todes- und Jenseitsvorstellungen der Kinder

Bei der Beschäftigung mit dem Tod kommen von den Kindern immer auch Fragen und Vorstellungen zu einem Leben nach dem Tod auf. Kinder möchten wissen, ob es „Himmel" und „Hölle" gibt, wie diese „Orte" aussehen oder wie wohl ein Leben bei Gott ist. Hier ist es wichtig, dass die Kinder zunächst einmal Zeit und Raum erhalten, über ihre eigenen Vorstellungen nachzudenken, diese völlig frei zu zeichnen und/oder ihre Gedanken dazu aufzuschreiben. Dieser Art des offenen Zugangs lässt den Kindern Raum, ihre eigenen Vorstellungen auszudrücken[68] und die Lehrperson kann sich dergestalt ein Bild davon machen, welche Jenseitsvorstellungen bei den Kindern vorhanden sind. Dabei achtet die Lehrperson darauf, dass die einzelnen Vorstellungen nicht bewertet, sondern gleichwertig nebeneinander stehen gelassen werden. Es geht hier also nicht darum, die Kinder in eine bestimmte Richtung zu drängen, sondern sie zum Nachdenken anzuregen.

Material:

- Arbeitsblätter *„So stelle ich mir den Tod vor", „Was glaubst du, passiert?"* (**M18** und **M19**; auf dickeres Papier kopiert)
- Buntstifte oder Jaxon-Kreide (verschiedene Farben)
- Begleittagebuch

Zum Verlauf:

1. Die Lehrperson liest einige der in Stunde 1 gesammelten Fragen der Kinder zum Jenseits vor und wartet ab, ob die Kinder sich dazu äußern.
2. Daraufhin stellt sie den Kindern Fragen nach ihren Vorstellungen. Mögliche Fragen können sein: *„Wie stellst du dir den Tod vor?", „Was denkst du über den Tod?", „Was kommt danach?", „Was glaubst oder denkst du?"*. Um Suggestionen zu vermeiden, hält sich die Lehrperson dabei bewusst mit konkreteren Fragen zurück (beispielsweise: *„Wie stellst Du dir den Himmel/das Paradies vor?"*). Es werden auch noch keine Antworten (in der Gruppe) gesammelt. Stattdessen wählt jedes Kind ein Arbeitsblatt aus und kehrt still an seinen Platz zurück, um für sich alleine zu malen oder zu schreiben. Für eine ruhige und entspannte Arbeitsatmosphäre läuft im Hintergrund erneut leise meditative Musik.
3. Nach Beendigung der Arbeitsphase betrachten die Kinder im „Museumsgang" nun zunächst wortlos ihre Bilder und lassen diese auf sich wirken. Anschließend können einzelne Bilder oder Texte vorgestellt werden. Es kann danach gefragt werden, ob sich die Ideen und Vorstellungen zum Tod ähneln oder voneinander unterscheiden.

Arbeitsbeispiele der Kinder

Die folgenden Bilder und Texte entstanden in der zweiten Hälfte eines 4. Schuljahres. Hier zeigt sich, dass bei den Kindern unterschiedliche Jenseitsvorstellungen zum Ausdruck kommen.

Einige Kinder zeichnen ganz klassisch „Himmel" und „Hölle" und stellen sich vor, dass Menschen, die im Leben Gutes getan haben, in den Himmel kommen. Schlechte Menschen hingegen kommen in die Hölle.

(Kind, 4. Schuljahr)

(Kind, 4. Schuljahr)

„Wenn man nett ist, kommt man in den Himmel. Und wenn man böse ist, kommt man in die Hölle. Ich glaube, im Himmel ist es schön, aber in der Hölle ist es nicht schön, der Name verrät alles." (L., 9 Jahre)

[68] Vgl. Völlering, Brigitte: Sterben und Tod in Kinderzeichnungen. In: Grundschule 2003, H-11, S. 30–33.

2. Mit Kindern im Religionsunterricht über den Tod sprechen und nachdenken

„Ich glaube, wenn man nett ist, kommt man in den Himmel und hilft Gott und wenn man böse ist, kommt man in die Hölle und kriegt Alpträume." (L., 10 Jahre)

Eine große Rolle spielen in den kindlichen Vorstellungen oft Konzepte wie „Engel", „Gott", „Geist" und das „Himmelstor".

(Kind, 4. Schuljahr)

(Kind, 4. Schuljahr)

„Ich stelle mir vor, dass man einen Weg langgeht, bis zu einem Tor, und dass man so was Ähnliches wie ein Engel ist. Und der Himmel ist ein kleines Dorf, in dem man dann wohnt, und man kann nach unten auf die Erde sehen. Oder dass der Himmel ein unsichtbarer Planet ist und die Häuser auf Wolken stehen." (J., 10 Jahre)

„Gott schickt einen Engel zum Grab. Der Engel soll den Toten holen, weil Gott braucht ihn für eine wichtige Aufgabe." (M., 9 Jahre)

„Ich glaube, wenn man tot ist, bleibt man im Grab liegen, kommt in den Himmel zu Gott und wird zu einem Engel oder man wird ein Geist." (T., 9 Jahre)

Es gibt demgegenüber aber auch Kinder, die sich eher naturwissenschaftlich dem Thema nähern. Sachlich und nüchtern erklärt eine Schülerin zum Beispiel:

„Wenn jemand stirbt, ist es so, dass man nicht in den Himmel oder in die Hölle kommt. Ich bin tot und ich sehe dann nichts mehr, ich bin ja tot. Der Körper verwandelt sich in Erde oder in Asche. Da kommt nichts. Tot ist tot." (A., 9 Jahre)

Sie malt ihr Bild schwarz. Bei genauer Betrachtung fällt allerdings auf, dass sie ein Kreuz in die Mitte gemalt hat, dazu äußert sie sich allerdings nicht.

(Kind, 4. Schuljahr)

Der offenkundig große Wunsch, im wie auch immer ausgeprägten Jenseits wieder mit der Familie sowie geliebten Menschen zusammen zu sein, wird an folgendem Beispiel deutlich:

„Ich stelle mir den Tod schön vor für die Person, die stirbt. Und dass man sich im Himmel wiedersieht und man sich dann riesig freut. Ich hoffe, so wird es sein." (L., 9 Jahre)

Zudem sind bei den Kindern Vorstellungen der „Seele" anzutreffen, die den Körper verlässt, sowie der Wunsch, als Tier wiedergeboren zu werden.

Die Bilder der Kinder eröffnen eine gute Gesprächsmöglichkeit und regen dazu an, über verschiedene Vorstellungen genauer nachzudenken und hieran anknüpfend gemeinsam weitere Fragen zu entwickeln. Sollten die Kinder nicht von sich auf das Thema Religion zu sprechen kommen, fragt die Lehrperson explizit nach und lässt Überlegungen dazu anstellen, weshalb der Glaube für viele Menschen besonders wichtig ist. Beispielsweise: *Was glauben Christen, passiert nach dem Tod? Weißt du auch etwas über andere Religionen?*

Weitere Ideen, die u. U. fächerübergreifend im Sachunterricht behandelt werden können:

An dieser Stelle kann die Lehrperson exemplarisch von ausgewählten Künstlern oder Menschen verschiedener Kulturen aus früheren Zeiten berichten, die sich schon seit jeher Vorstellungen zum Tod und über das „Danach" gemacht haben – ohne, dass bis heute jemand genau sagen könnte, was nach dem Tod eigentlich geschieht. Es können hierzu Bilder betrachtet werden (z. B.: *„Der große Weg"* von Hundertwasser oder *„Aufstieg in das himmlische Paradies"* von Hieronymus Bosch sowie ausgewählte Kirchenbilder). Zudem kann die Lehrperson ausgewählte Texte, Bücher oder Bilder bspw. zu den Jenseitsvorstellungen der alten Ägypter und dem Bau der Pyramiden mitbringen und/oder zur weltweit größten frühchinesischen Grabanlage, dem Mausoleum „Qin Shihuangdis" und der berühmten „Terrakotta-Armee".

M18 So stelle ich mir den Tod vor ...

Wie stellst du dir den Tod vor? Was glaubst du, passiert danach?

Male dazu ein Bild.

M19 Was glaubst du, passiert nach dem Tod?

Schreibe auf, wie du dir den Tod vorstellst.
Was glaubst du, passiert danach?

Du kannst mit diesen Sätzen anfangen.

Ich stelle mir vor, dass …, – Ich glaube, dass …, – Ich denke …, – Ich wünsche mir …, – Vielleicht …

2. Mit Kindern im Religionsunterricht über den Tod sprechen und nachdenken

Baustein 3: Jenseitsvorstellungen und Hoffnungen der Religionen

Eine Betrachtung der im Zuge des Unterrichts geäußerten Todes- und Jenseitsvorstellungen der Kinder zeigt auf, dass diese sich oftmals aus Vorstellungen und Hoffnungen der verschiedenen Religionen konstituieren, wobei teilweise auch eine Vermischung zu beobachten ist. Hier spielt offenkundig die jeweilige religiöse Vorprägung eine Rolle, welche die Kinder im engeren familiären bzw. auch weiteren sozialen Umfeld erfahren haben, wobei sicherlich auch mediale Einflüsse eine Rolle spielen.[69]

In dieser Unterrichtsstunde wird ausschließlich auf die christliche Jenseitsvorstellung eingegangen, nicht um die Kinder in eine Richtung zu lenken, sondern um sie zunächst über die Hoffnungsvorstellung ihrer eigenen Religion zu informieren, bevor – beispielsweise im Rahmen einer späteren Unterrichtsreihe – eine vergleichende Auseinandersetzung mit den Jenseitsvorstellungen anderer Religionen durchgeführt werden kann. Diese Beschäftigung mit unterschiedlichen Todes- und Jenseitsvorstellungen der Weltreligionen kann die Kinder später dabei unterstützen, ihre eigenen Vorstellungen einzuordnen oder ein Stück weit auszudifferenzieren.[70]

Material:

- Mehrere Jahreskalendarien (mit christlichen Feiertagen) und vorbereitete Kärtchen (Partnerarbeit)
- Modell eines Kirchenjahreskreises
- Infotext *„Christentum – Was passiert nach dem Tod?"* (**M20**) und Infotext *„Christliche Gedenktage für die Toten"* (**M21**)
- Begleittagebuch

Zum Verlauf:

1. Der Einstieg in die Unterrichtsstunde kann durch eine Forscherfrage erfolgen: *„Wir haben in der letzten Stunde viel darüber erfahren, wie ihr euch den Tod vorstellt und wie sich andere Menschen das Leben nach dem Tod bzw. das Jenseits vorstellen oder früher vorgestellt haben. Ich möchte heute mit euch einen Kalender etwas genauer betrachten. Dazu habe ich einen Forscherauftrag: Findest du in diesem Kalender christliche Feiertage, die etwas mit Tod, Trauer oder dem Leben danach zu tun haben?"* (evtl. kurz klären, ob allen Kindern das Konzept „Feiertag" vertraut ist).
2. Die Kinder erhalten paarweise ein Jahreskalendarium mit christlichen Feiertagen und notieren ihre Entdeckungen auf vorbereiteten Kärtchen. Die Lehrperson legt in dieser Zeit ein Modell vom Kirchenjahr in die Kreismitte.
3. Nach einiger Zeit kommen die Kinder in den Kreis und teilen der Gruppe ihre Entdeckungen mit. Dabei erklären die einzelnen Schüler ihre Auswahl und legen sie in die Kreismitte. Karten, die nicht dazugehören, werden beiseitegelegt. Der Kirchenjahreskreis wird in die Überlegungen miteinbezogen. Sollten die Kinder nicht von sich aus auf die zentralen Feiertage „Karfreitag" und „Ostern" zu sprechen kommen, weist die Lehrperson darauf hin, dass es Feiertage gibt, die uns etwas darüber verraten, was Christen über ein Leben nach dem Tod denken. Anschließend informieren sich die Kinder mithilfe der beiden Infotexte (**M20** und **M21**) über die Jenseitsvorstellungen im Christentum sowie die christlichen Gedenktage für die Toten.
4. Im Kreisgespräch werden die Informationen zusammengetragen, wobei besonders auf die christliche Hoffnung von Jesus Auferstehung eingegangen wird sowie den dadurch entstandenen Glauben an ein Leben nach dem Tod bei Gott. Die Besonderheiten des Osterfestes lassen sich hier gemeinsam herausarbeiten. Dabei können auch noch einmal die Zeichnungen der Kinder betrachtet und auf die verschiedenen Vorstellungen von „Himmel" und „Hölle" eingegangen werden. An dieser Stelle geht es weiterhin nicht darum, die Vorstellungen der Kinder zu korrigieren oder zu formen. Es wird ihnen lediglich die christliche Hoffnungsperspektive aufgezeigt.

Weitere Ideen:

Wie bereits erwähnt, können an dieser Stelle je nach Lerngruppe auch die Jenseitsvorstellungen der beiden Weltreligionen Judentum und Islam näher betrachtet werden, sodass ein Schwerpunkt beispielsweise auf die Gemeinsamkeiten der drei Weltreligionen gelegt werden kann; z. B.: *Glaube an ein Leben nach dem Tod, Bei Gott sein, Zustand ohne Leid, Hoffnung auf Frieden* sowie *Gute Taten, die besonders wichtig sind.* Die Gedenktage dieser Religionen lassen sich in diesem Zusammenhang ebenfalls aufgreifen. Fächerübergreifend wäre es auch hier interessant, andere Kulturen zu betrachten; beispielsweise die Totengedenktage in Mexiko, die durch einen fröhlichen Charakter geprägt sind.

---

[69] Vgl. Wicke, Michaela: „Sylvia van Ommen: Lakritzbonbons", Jenseitsvorstellungen von Kindern ins Gespräch bringen, Perspektiven für den Religionsunterricht, in: Freudenberger-Lötz (Hrsg.), Beiträge zur Kinder- und Jugendtheologie (Band 3), 2009, S. 55.

[70] Vgl. ebd.

M20 Was passiert nach dem Tod?

Lies den Infotext zum Christentum und markiere wichtige Stellen im Text. 

Christentum: Was passiert nach dem Tod? Was glauben Christen?

Christen glauben an einen Gott, der das Leben erschafft und wieder nimmt. Geburt und Tod liegen somit in Gottes Hand. Mit dem Tod ist allerdings nicht einfach alles vorbei, sondern nach christlichem Glauben gibt es ein Leben nach dem Tod. Die Verstorbenen kehren zu Gott zurück und erfahren ein ewiges Leben bei Gott.

Für Christen ist die Liebe stärker als der Tod. Gott liebt die Menschen und seine Liebe zu den Menschen ist größer als der Tod. Die Christen sprechen von einem gütigen Gott, der das Leben möchte und nicht den Tod. In der Bibel steht: „Gott ist Liebe, und wer in der Liebe bleibt, bleibt in Gott und Gott bleibt in ihm." (1. Johannes 4,16b).

Eine besondere Bedeutung hat für Christen die Ostergeschichte, die im Neuen Testament der Bibel steht, denn sie erzählt den Menschen etwas über den Tod und das Leben danach. Jesus ist am Kreuz gestorben und seine Jünger sowie viele andere Menschen waren in tiefer Trauer. Alles war dunkel und hoffnungslos für sie. An Karfreitag erinnern wir uns an die Kreuzigung. Doch die Geschichte geht weiter, denn drei Tage nach diesem schrecklichen Ereignis geschah etwas Bedeutsames, das den Menschen in dieser dunklen Zeit wieder Hoffnung gab.

Obwohl alle gesehen hatten, dass Jesus zuvor am Kreuz gestorben war, zeigte er sich kurz nach seinem Tod seinen Jüngern. Zwar war diese Begegnung mit ihm nur kurz und ganz anders als sonst, doch sie verstanden, dass mit dem Tod nicht alles zu Ende sein konnte. Plötzlich wurde das Dunkle wieder hell. Jesus kehrte zu Gott zurück, aber diese Begegnung gab seinen Jüngern Hoffnung und daraus schöpften sie neuen Mut für das Leben. Sie berichteten anderen Menschen freudig von Jesus Auferstehung. Dies wird auch die Frohe Botschaft genannt.

Diese Erzählung über Jesus Auferstehung gibt Christen Hoffnung auf ein neues Leben nach dem Tod bei Gott. Ostern ist deshalb auch das wichtigste Fest der Christen. In der Osternacht wird vor der Kirche ein großes Feuer angezündet. Das Osterfeuer ist ein Symbol für Gott und erinnert an die Auferstehung. An diesem Osterfeuer wird die Osterkerze vom Priester oder Pfarrer entzündet und in die dunkle Kirche getragen. Die Osterkerze steht für das Licht, das Jesus in die Welt gebracht hat und stärker als die Dunkelheit des Todes ist. Alle Gläubigen tragen dieses Licht in ihren Herzen. Während des Gottesdienstes zündet jeder Besucher an der Osterkerze ein Teelicht an. Die vielen Lichter zeigen, dass wir nicht alleine sind, und geben uns so Hoffnung und ein Gefühl von Gemeinschaft.

M21 Christlich Gedenktage für die Toten

1. Schaue dir den Jahreskalender genau an. In welchen Monaten findest du Feiertage, die etwas mit Tod und Trauer oder dem Leben danach zu tun haben? Schreibe sie hier auf.

____

____

2. Lies den Infotext zu den Totengedenktagen und markiere wichtige Stellen.

Christentum – Gedenktage an die Toten

Der Monat November steht am Ende des Jahres und auch des Kirchenjahres und ist für Christen eine besondere Zeit zum Nachdenken über das Leben und den Tod. Im Kalender finden sich in diesem Monat drei christliche Gedenktage für die Toten – das sind Tage, an denen sich die Lebenden an die Toten erinnern und für sie beten. Diese Gedenktage heißen: Allerheiligen, Allerseelen und Totensonntag oder Ewigkeitssonntag.

Allerheiligen und Allerseelen sind Gedenktage der katholischen Christen. Am ersten November, an Allerheiligen, erinnern sie sich an die verstorbenen Menschen, die als Heilige angesehen werden. Heilige sind im katholischen Glauben Personen, die etwas Gutes im Leben vollbracht haben und nach Jesus' Vorbild gehandelt haben. Gleich am nächsten Tag, am zweiten November, feiern sie Allerseelen und gedenken aller Toten und vor allem der verstorbenen Verwandten.

Evangelische Christen haben einen Gedenktag, an dem sie gemeinsam der Verstorbenen gedenken. Sie bezeichnen diesen Tag als Ewigkeitssonntag oder Totensonntag. Er findet immer vor dem ersten Sonntag im Advent statt, also am letzten Sonntag im November.

An diesen Gedenktagen halten Pfarrer Gottesdienste und Gedenkfeiern in den Kirchen, es wird für die Verstorbenen gebetet, die Gräber werden auf den Friedhöfen besucht, Blumen werden auf die Gräber gestellt und Grablichter angezündet. Es sieht schön aus, wenn am Abend viele Kerzen leuchten und der Friedhof sich in ein Lichtermeer verwandelt. Das Licht in der Dunkelheit tröstet die Menschen und gibt Hoffnung.

3. Richtig oder falsch? Kreuze an!

Die evangelischen Christen feiern Allerheiligen.	ja	nein
Der Ewigkeitssonntag findet am letzten Sonntag im April statt.	ja	nein
An Allerheiligen wird den Heiligen gedacht.	ja	nein
Am 2. November feiern die katholischen Christen Allerseelen.	ja	nein

Baustein 4: Das Gedicht „*Jemand stirbt*" von Benoit Marchon kennenlernen

In dieser Stunde wird das Gedicht „*Jemand stirbt*" von Benoit Marchon (**M22**) mit den Kindern behandelt. Kinder finden erfahrungsgemäß recht schnell einen Zugang zu diesem Gedicht und lassen sich auf dessen Bildsprache ein. Bei dem Gedicht handelt es sich um ein sogenanntes „Analoggedicht", welches immer zwei gegenüberliegende Seiten zeichnet. Die Analogien helfen hier dabei, den Tod von zwei gegensätzlichen Seiten aus zu betrachten: zuerst von einer dunklen, eher traurigen Seite, der jeweils eine helle, hoffnungsvolle gegenübergestellt wird. So zeigt das Gedicht den Kindern letztlich Hoffnungsperspektiven auf.

Material:

- Gedicht „*Jemand stirbt*" von Benoit Marchon (**M22**), 1 Exemplar/Kind
- Faltkarten zum Gedicht (**M23**), 1 Exemplar/Kind
- Begleittagebuch zum Einkleben der Kärtchen

1. Zu Beginn der Stunde trägt die Lehrperson das Gedicht – unter stimmlicher Betonung der Analogiewendungen – langsam vor, sodass die Kinder die Möglichkeit erhalten, sukzessive eine innere Bildwelt aufzubauen und die Analogpaare und damit das strukturelle und gedankliche Muster des Gedichtes zu entdecken. Die Kinder äußern zunächst ihre Gedanken dazu. Einzelne Strophen können zur Verdeutlichung auch wiederholt werden. Die Lehrperson teilt daraufhin das Gedicht an die Kinder aus. Gemeinsam werden nun nach und nach wiederkehrende Muster gesammelt. Durch gezielte Rückfragen stellt die Lehrperson sicher, dass diese Muster im Gedicht von den Kindern erkannt werden.
2. Gemeinsam wird nun überlegt, ob eigene Strophen für das Gedicht gefunden werden können, um es in diesem Muster weiterzuschreiben. Erste Ideen werden auf Karten festgehalten und einzelne Kinder können gefundene Strophen vortragen.
3. Die Kinder erhalten daraufhin das Arbeitsblatt mit den Faltkarten (**M23**) und ergänzen einzelne Strophen mit ihren eigenen Worten. Dies kann auch in Partnerarbeit geschehen. Jeweils auf der linken und rechten Seite des Faltblättchens wird von den Kindern zudem ein korrespondierendes Bild zu den Strophen gemalt (links: passend zum eher traurigen Teil der vom jeweiligen Kind gefundenen Analogie – rechts passend zum optimistischen, durch Hoffnung geprägten Teil). Im Hintergrund läuft meditative Musik, die es den Kindern ermöglicht, ihren Gedanken freien Lauf zu lassen. Fertige Strophen werden ausgeschnitten und an den Rändern gefaltet, sodass die Faltkarten sich jeweils auf beiden Seiten zuklappen lassen. Die Faltkarten können in das Begleittagebuch geklebt werden.
4. Die Kinder erhalten unabhängig von den Faltkarten die Möglichkeit, Bilder zu dem Gedicht zu malen oder ihre Gedanken zu notieren. Sie können auch eigene Gedichte schreiben. Ein eigenes Gedicht könnte beispielsweise in freier Anlehnung an das Gedicht von Benoit Marchon mit dem Satzanfang „*Wenn jemand stirbt …*" beginnen; auch Bilder können zu diesem Satzanfang gemalt werden.

(Kind, 3. Schuljahr)

5. Die fertigen Gedichte können von den einzelnen Kindern vorgetragen werden. Anschließend wird über die Ideen der Kinder gesprochen. Zum Abschluss fragt die Lehrperson: „*Was ist das Besondere an dem Gedicht von Benoit Marchon?*" Die mit dem Tod verbundenen Gefühle sowie die Hoffnungsperspektiven des Gedichtes werden herausgearbeitet und besprochen.

Differenzierungsmöglichkeiten:

Für Kinder, die Schwierigkeiten bei der Ideenfindung haben, hält die Lehrperson als Hilfestellung eine Schachtel mit Bild- und Wortpaaren bereit („*Sonnenaufgang und -untergang*", „*Licht aus – Licht an*", „*Hände, die loslassen – Hände, die auffangen/halten*", etc.). Diese Karten kann die Lehrperson auch einsetzen, wenn die Lerngruppe insgesamt kaum eigene Ideen zu dem Gedicht einbringt.

M22 Gedicht „Jemand stirbt" von Benoit Marchon

„Jemand stirbt …"

Jemand stirbt,
und das ist,
wie wenn Schritte verstummen.
Aber wenn es ein kurzer Aufenthalt
vor einer neuen Reise wäre?

Jemand stirbt,
und das ist,
wie wenn eine Tür zuschlägt.
Aber wenn es ein Tor wäre,
dahinter andere Landschaften sich auftun?

Das ist,
wie wenn ein Baum zur Erde stürzt.
Aber wenn es ein Samen wäre,
der in einer anderen Erde keimt?

Jemand stirbt,
und das ist,
wie wenn in der Stille plötzlich eine Orgel einsetzt
und die verstummte kleine Melodie eines Menschenlebens mit allen Registern
spielt …

Benoit Marchon

Gedicht entnommen aus: Marchon, Benoit; Goffin, Jose: Ich möchte ganz still sitzen. Gedichte zum Beten. Verlag St. Gabriel Mödling; Wien 1988

M23 Faltkarten zum Gedicht „Jemand stirbt“ von Benoit Marchon

1. Schaue dir die erste Karte an. Wie könnte das Gedicht weitergehen?

2. Überlege dir eigene Strophen für die beiden anderen Karten und male passende Bilder links und rechts dazu. Wenn du fertig bist, schneide die Karten aus, falte sie an den Linien und klebe sie in dein Begleittagebuch. Ihr könnt eure Karten auch gemeinsam auf ein Plakat kleben.

Jemand stirbt,
und das ist,
wie wenn eine Tür zuschlägt.
Aber wenn es ein Tor wäre,
dahinter andere Landschaften sich auftun?

Jemand stirbt,
und das ist, wie wenn

____

____

Aber wenn

____

____

Jemand stirbt,
und das ist, wie wenn

____

____

Aber wenn

____

____

Baustein 5: Begleitumstände des Todes – „Friedhof“

Die Erfahrungen der Kinder zum Thema Friedhof sind in diesem Alter sehr unterschiedlich. Es wird immer Kinder geben, die schon öfter einen Friedhof mit den Eltern oder Großeltern besucht haben und einiges darüber wissen. Es muss aber auch davon ausgegangen werden, dass einige Kinder der Lerngruppe mit dem Begriff Friedhof noch nicht allzu viel anfangen können. Schließlich werden insbesondere jüngere Kinder von diesen Themen oftmals bewusst ferngehalten. Sie erfahren dann u. U. im Unterricht erstmalig von diesem Ort und können entsprechend verunsichert reagieren. Mithilfe des Fragebogens „Friedhof“ (**M24**) erhält die Lehrperson einen ersten Eindruck über die Erfahrungen der Lerngruppe und kann so den Unterricht sowie einen bevorstehenden Friedhofsbesuch (sofern geplant) besser vorbereiten. Mit Blick auf das u. U. stark divergierende Vorwissen der Kinder gibt der Infotext „Friedhof“ (**M25**) einen kurzen Überblick über die in den westlichen Ländern übliche Friedhofskultur. Sie erfahren dabei u. a., dass sich auf vielen Grabsteinen christliche Symbole finden und viele Dinge auf dem Friedhof vom Glauben und der Hoffnung der Menschen erzählen.

Material:

- eine etwas größere Kiste
- Inhalt der Kiste z. B.: Taschentücher, Trauerkarte, Grablicht, kleiner Kranz, Traueranzeige, schwarzes Kleidungsstück, Kreuz, Engelsfigur, CD, Bilderrahmen, Spruch aus der Bibel, kleine Bibel, Gedicht, Kerze, Baumscheibe, Blume, Blatt, Efeu (aus Plastik); Bilder: Urne, Sarg, Grab, Kranz (**M27**)
- Geschichten (**M 13**, Teil 2 oder **M 14**, Teil 2)
- Fragebogen „Friedhof“ (**M 24**)
- Infotext „Friedhof“ (**M25**)
- Arbeitsblatt „Zeichen der Hoffnung und des Friedens auf Friedhöfen“ (**M26**)

Zum Verlauf:

1. Zu Beginn der Stunde wird der zweite Teil der jeweiligen Geschichte („Teil 2“ von **M13** oder **M14**) vorgelesen. Die Geschichte kann jederzeit unterbrochen werden, damit die Kinder sich zu den Geschehnissen äußern können.
2. Daraufhin wird in der Kreismitte eine geöffnete Kiste mit verschiedenen Materialien und Bildern zu den Begleitumständen des Todes platziert. Die Lehrperson gibt hierzu folgenden Auftrag: *„Wähle einen Gegenstand oder ein Bild aus der Kiste und erzähle uns, was dir dazu einfällt“*. Abwechselnd nehmen die Kinder Gegenstände oder Bilder heraus und erzählen reihum, was sie bereits wissen. Bei Unklarheiten wird gemeinsam überlegt: *„Was hat dieser Gegenstand bzw. dieses Bild mit Tod oder Trauer zu tun? Gibt es eine bestimmte Bedeutung des Bildes/des Gegenstandes ...?*
Die Gegenstände und Bilder (**M27**) können zu einem regen Austausch der Lerngruppe führen. Zudem erhalten die Kinder so auch die Möglichkeit, Fragen zu stellen.

3. Die Lehrperson erkundigt sich, wo viele dieser Gegenstände zu finden sind und wer schon auf einem Friedhof war. Wer möchte, kann der Lerngruppe an dieser Stelle von seinen Erfahrungen berichten. Jedes Kind beantwortet anschließend den Fragebogen zum Thema Friedhof (**M24**). In Vierergruppen tauschen sich die Kinder nun über ihre Notizen aus. Nachdem die Schüler die Fragebögen ausgefüllt und sich ausgetauscht haben, werden die Fragebögen von der Lehrperson eingesammelt und können später für den geplanten Friedhofsbesuch ausgewertet werden.
4. In einem nächsten Schritt werden von den Kindern der Infotext „Friedhof“ (**M25**) sowie das Arbeitsblatt zu den „Zeichen der Hoffnung und des Friedens auf Friedhöfen“ (**M26**) bearbeitet. Während der Arbeitsphase sollte die Lehrperson die Möglichkeit nutzen, mit einzelnen Kindern ins Gespräch zu kommen und auf einzelne Schüler individuell einzugehen.
5. Gegen Ende der Stunde können die Kinder schließlich im Kreis von ihren Erfahrungen berichten und Arbeitsergebnisse vorstellen, wobei insbesondere auf die christlichen Symbole näher eingegangen werden soll. Die Lehrperson kann den Kindern dabei im Vorfeld mitteilen, dass sie einigen Symbolen bei dem anstehenden Friedhofsbesuch wiederbegegnen werden.

M24 Fragebogen zum Thema Friedhof

Fülle den Fragbogen zum Thema „Friedhof" aus und besprich deine Antworten in einer Kleingruppe (4 Kinder).

1. Beschreibe mit deinen eigenen Worten, was ein Friedhof ist.

____

____

2. Weshalb besuchen Menschen Friedhöfe?

____

____

3. Bist du schon einmal auf einem Friedhof gewesen?

☐ ja ☐ nein

3a. Wenn ja, wie war der Besuch auf einem Friedhof für dich?

____

____

3b. Wenn du noch nicht auf einem Friedhof gewesen bist, wie stellst du es dir dort vor?

____

____

4. Gibt es christliche Symbole auf Friedhöfen? Überlege, was könnten das für Symbole sein? Male sie hier hin und schreibe deine Gedanken dazu auf.

M25 Informationstext zum Thema Friedhof

Lies den Infotext und betrachte die Bilder zum Text. Markiere wichtige Stellen im Text.

Infotext – „Der Friedhof“

Friedhöfe gibt es schon seit sehr langer Zeit und in vielen verschiedenen Ländern. Ein Friedhof ist ein abgegrenzter Ort, wo die Körper der Toten in der Erde begraben werden. Diese Orte sind zum Beispiel große Wiesenflächen, auf denen viel Platz ist. Jedes Dorf hat mindestens einen Friedhof. Städte, in denen viele Menschen leben und auch sterben, haben mehrere Friedhöfe. Einige Friedhöfe liegen nah am Wald oder am Stadtrand, andere befinden sich mitten in der Stadt.

Ein Friedhof hat viele Gräber. Ein Grab ist die Stelle, an der ein Verstorbener in die Erde kommt. Dafür wird ein Loch in die Erde gegraben, in das der Tote hineingelegt wird.

Bei uns Christen kommt der Körper aber nicht einfach so in das Grab hinein. Vorher wird der Körper in einen Sarg gelegt, das ist eine Kiste aus Holz. In dieser Kiste wird der Verstorbene begraben.

Der leblose Körper kann auch verbrannt werden. Die Asche des Verstorbenen kommt dann in eine Urne, das ist ein Gefäß aus Naturstein oder Metall. Manche Urnen kommen in ein Grab in die Erde, andere werden in Wandnischen mit Gedenkplatten gestellt.

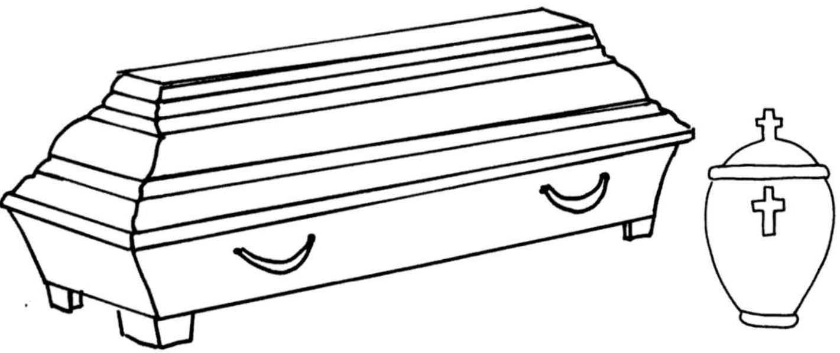

Auf einem Friedhof gibt es viele Gräber, die in Reihen nebeneinanderliegen und durch Wege miteinander verbunden sind. Die Gräber sehen alle unterschiedlich aus. Auf manchen stehen Holzkreuze, Grabsteine oder Steinfiguren. Einige Gräber sind mit einer Steinplatte bedeckt und auf anderen stehen manchmal Statuen, beispielsweise von Engeln. Viele Gräber sind mit Blumen bepflanzt. Auf den Kreuzen, Steinen und Platten steht der Name der Person, der Geburts- und Todestag und manchmal auch ein Spruch wie z. B. „Du bleibst immer in unseren Herzen“ oder „Die Liebe höret nimmer auf“. Auf einigen Gräbern finden sich ein Foto der Person oder auch christliche Symbole wie ein Kreuz, segnende Hände, eine Taube, ein Buch und viele andere.

M25 Informationstext zum Thema Friedhof

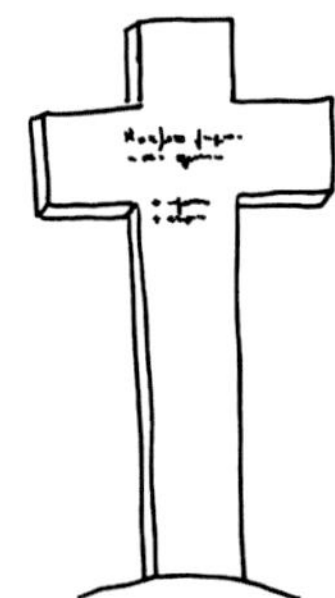

Die Gräber werden meistens von Verwandten oder Freunden gekauft und gepflegt. Sie bepflanzen das Grab, stellen frische Blumen darauf und kümmern sich darum, dass das Grab schön aussieht. Dafür können auf dem Friedhof Gießkannen ausgeliehen werden und an Regenwasser-Zisternen wird das Wasser für die Pflanzen geholt. Menschen, die sich kein Grab leisten können, weil sie zu arm sind, bekommen ein Grab von der Stadt bezahlt.

Viele verschiedene Menschen arbeiten auf einem Friedhof: die Bestatter, die den Verstorbenen auf den Friedhof bringen und die Beerdigung durchführen, die Friedhofsverwalter, die für die Regeln, die Organisation und die Ordnung auf einem Friedhof zuständig sind, und die Friedhofsgärtner, die Gräber bepflanzen und pflegen, falls die Familie dafür keine Zeit hat.

Auf christlich gestalteten Friedhöfen gibt es eine Kapelle, das ist eine kleine Kirche, in der bei Beerdigungen die Gottesdienste für die Toten gefeiert werden. Es gibt auch eine Trauerhalle, hier können Freunde und Verwandte Abschied von dem Verstorbenen nehmen und ihn ein letztes Mal sehen, bevor er beerdigt wird.

Der Friedhof ist auch für die Lebenden sehr wichtig. Denn die Freunde und Verwandten des Toten kommen an diesen Ort, um das Grab des Verstorbenen zu besuchen, an den Toten zu denken, sich an gemeinsame Zeiten zu erinnern und um zu trauern. Viele Menschen empfinden einen Friedhof als Ort der Ruhe und des Friedens. Einige genießen einfach die Stille dort, gehen spazieren, schauen sich die Gräber an und nehmen sich Zeit zum Nachdenken. Ein Friedhof ist auch ein bisschen wie ein großer Garten oder Park, denn es gibt dort Bäume, Blumen und Bänke zum Ausruhen. In vielen Religionen ist der Friedhof ein heiliger Ort. Friedhöfe sind zum Schutz von einer Mauer oder von einem Zaun umgeben und es gibt Tore, durch die der Friedhof betreten und wieder verlassen werden kann. Diese Tore werden morgens zu einer bestimmten Zeit von einem Friedhofswärter geöffnet und abends wieder geschlossen.

Friedhöfe sehen unterschiedlich aus. Es gibt zum Beispiel Soldatenfriedhöfe, die gleichzeitig auch Gedenkstätten sind oder alte jüdische Friedhöfe mit zerfallenen Grabsteinen. In anderen Ländern, beispielsweise in Italien, werden sogar richtige kleine Häuser für die Toten errichtet. Und in Mexiko sind die Friedhöfe sehr bunt und farbenfroh. Der größte Friedhof der Welt befindet sich übrigens im Irak und ist so groß wie 1310 Fußballfelder. Weil so viele Menschen ihre Haustiere lieben, gibt es in den meisten Städten inzwischen auch Tierfriedhöfe.

M26 Zeichen der Hoffnung und des Friedens auf Friedhöfen

Ausschneidebogen

Auf Grabsteinen finden sich oft christliche Zeichen und Symbole, die vom Glauben und von der Hoffnung erzählen.

1. Schau dir die Symbole auf den Bildern an. Kannst du dir denken, welche Bedeutung sie haben? Schneide die Symbole aus und lies den zweiten Arbeitsauftrag auf dem nächsten Arbeitsblatt.

M26 Zeichen der Hoffnung und des Friedens auf Friedhöfen

2. Lies die Sätze. Kannst du die Sätze den Symbolen zuordnen? Klebe das passende Bild zu jedem Text.

	Dieses Symbol steht für die Liebe. Für viele Menschen bleibt die Liebe für immer und ist somit stärker als der Tod. Gottes Liebe zu den Menschen besiegt den Tod.		Mit ihnen zeigen Christen, dass sie zu Gott beten. Auf Gräbern sind sie ein Zeichen für die Hoffnung der Trauernden, dass die Verstorbenen zu Gott kommen.
	Sie gibt Licht und erhellt die Dunkelheit. Sie steht für die Hoffnung auch in dunklen Zeiten.		Dieses Insekt kann sich verpuppen. Zuerst kriecht es auf der Erde und verwandelt sich nach einiger Zeit in etwas Schönes, das fliegen kann. Es ist damit ein Zeichen für die Auferstehung und die unsterbliche Seele.
	Es sind zwei Buchstaben des griechischen Alphabets, die Alpha und Omega genannt werden. Alpha ist der erste Buchstabe des Alphabets und Omega der letzte. Sie stehen für Anfang und Ende und damit für Gott und Christus.		Sie spendet Licht und ihre Wärme tut Menschen, Tieren und Pflanzen gut. Ohne sie gäbe es kein Leben auf der Erde. Sie geht zwar jeden Abend unter, aber am Morgen auch immer wieder auf und erinnert so an die Auferstehung.
	Sie haben Flügel und werden in vielen Erzählungen als Boten Gottes beschrieben. Sie symbolisieren Hilfe, Schutz und Trost.		Es gibt Schiffen sicheren Halt im Hafen. Dieses Symbol steht so für Sicherheit und Halt auch in schwierigen Zeiten.
	Für Christen ist es das wichtigste Symbol. Es ist ein Zeichen dafür, dass Jesus gestorben, aber auch wieder auferstanden ist und es gibt Christen Hoffnung auf ein Leben nach dem Tod.		Er ist stark in der Erde verwurzelt und wächst hoch hinaus. Im Herbst verliert er zwar alle Blätter, treibt jedoch jedes Jahr im Frühling immer wieder neue Knospen aus. Er ist ein Symbol für Stärke und lässt die Menschen hoffen, dass der Tod nicht das Ende ist.

M27 Bilder für die Materialkiste

Material für die Lehrerhand

Baustein 6: Begleitumstände des Todes – Beerdigung

Ob Kinder bereits eine Beerdigung erlebt haben, hängt stark von den familiären Umständen ab. Einige Kinder begleiten ihre Eltern auf Beerdigungen, andere werden absichtlich von solchen – als für Kinder als ungeeignet empfundenen Ereignissen – ferngehalten. Viele Kinder erschreckt die Vorstellung, dass der Tote unter der Erde ist und dort Qualen und Ängste erleidet. Daher ist es wichtig, den Kindern gegenüber zu betonen, dass der leblose Körper nichts mehr wahrnimmt und empfindet. In dieser Stunde sammeln die Kinder Informationen zum Ablauf einer Beerdigung. Sie erfahren, welche Rolle ein Pfarrer dabei spielt und welche christlichen Rituale eine Beerdigung begleiten.

Material:

- Kiste mit Materialien (siehe Baustein 5)
- Bild-Textzuordnungskarten „Christliche Beerdigung" (**M28** und **M29**), laminiert für die Partnerarbeit
- Arbeitsblatt „Friedhof und Trauerfeier – wichtige Begriffe" (**M30**)
- Arbeitsblatt „Trauerfeier und Trauerrede" (**M31**)

Zum Verlauf:

1. Einzelne Bilder und Gegenstände aus der Kiste liegen ausgebreitet in der Kreismitte. Lehrer und Schüler gehen auf einzelne Gegenstände oder Bilder näher ein und stellen Überlegungen zu einer Beerdigung an.
2. Die Kinder erhalten nun paarweise die Bild- und Textzuordnungskarten zu einer christlichen Beerdigung und bearbeiten diese gemeinsam. Die Merkmale einer christlichen Beerdigung und die Aufgaben eines Pfarrers werden gemeinsam erarbeitet und besprochen.
3. Die Kinder erhalten im Anschluss Zeit, um an den Arbeitsaufträgen „Friedhof und Trauerfeier – wichtige Begriffe" (**M30**) sowie „Trauerfeier und Trauerrede" (**M31**) zu arbeiten.
4. Zum Ende der Stunde werden die Arbeitsergebnisse vorgestellt und wahlweise bestimmte Inhalte weiter vertieft und reflektiert.

Weitere Ideen:

Wünschenswert wäre es, einen Pfarrer oder auch einen Bestatter in diese (oder eine darauffolgende) Stunde einzuladen, der den Schülern etwas über seinen Beruf und die verschiedenen Beerdigungszeremonien berichtet. Die Kinder können für diese Stunde beispielsweise ein Interview vorbereiten.

M28 Die christliche Beerdigung – Bildkarten

M29 Die christliche Beerdigung – Textkarten

Pfarrer haben einen spannenden Beruf, der mit vielen Aufgaben verbunden ist. In der Kirche halten sie verschiedene Gottesdienste, zum Beispiel jeden Sonntag, aber auch zu Taufen und Hochzeiten. Sie besuchen kranke oder alte Menschen und sind in schwierigen Lebenslagen für andere da. Und wenn jemand aus ihrer Gemeinde stirbt, leiten sie am Tag der Beerdigung die Trauerfeier.

Stirbt jemand aus einer christlichen Gemeinde, kann die Familie Kontakt zu dem Pfarrer ihrer Gemeinde aufnehmen. Der Pfarrer kommt dann oft zu den Leuten nach Hause und spricht mit ihnen über den Verstorbenen und spendet Trost. Viele Menschen sind sehr froh, dass jemand in diesen schweren Stunden für sie da ist, ihnen zuhört und mit ihnen betet. Die Verwandten teilen dem Pfarrer ihre Wünsche für die Trauerfeier und die Beerdigung mit. Sie wählen dann gemeinsam Lieder und Gebete aus. Sie berichten dem Pfarrer auch alles Wichtige über das Leben des Verstorbenen und dessen Wünsche für den Abschied. Der Pfarrer kann so seine Trauerrede besser vorbereiten.

Die Trauerfeier findet in der Kapelle auf dem Friedhof statt und wird vom Pfarrer geleitet. Eine Kapelle ist eine kleine Kirche, in der Bänke und ein Altar stehen. Der Sarg oder die Urne werden ganz vorne aufgestellt, davor werden Blumen und Kränze abgelegt. Die Osterkerze brennt. Christen ziehen bei einer Beerdigung dunkle Kleidung an. Der Pfarrer hält eine Trauerrede, bei der Stellen aus der Bibel vorgelesen werden. Bei seiner Rede erzählt er etwas über das Leben und die Persönlichkeit des Verstorbenen. Zum Beispiel über seine Hobbys, seinen Beruf oder seine Reisen. Verwandte oder Freunde können auch etwas über die verstorbene Person erzählen. Es wird oft Orgelmusik gespielt und die Trauergemeinde singt Kirchenlieder. Der Pfarrer segnet den Toten, damit er mit Gottes Schutz gehen kann und gemeinsam wird das Vaterunser gesprochen.

Wenn der Gottesdienst in der Kapelle zu Ende ist, läuten die Glocken und der Sarg oder die Urne werden in einem Trauerzug zum Grab gebracht. Dabei gehen alle Trauergäste langsam hinter dem Sarg her, um den Toten auf seinem letzten Weg zu begleiten. Dieser Weg ist für die Trauernden wichtig, denn es ist der letzte gemeinsame Weg, den sie mit dem Verstorbenen gehen.

Am offenen Grab spricht der Pfarrer noch ein paar letzte Sätze, ein Gebet und einen Bibelvers. Auch jemand aus der Familie kann noch etwas sagen oder ein Gedicht vorlesen. Dann wird der Sarg oder die Urne in die Erde gelassen. Zum Schluss sagt der Pfarrer die Worte: *„Aus Erde bist du genommen, der Erde geben wir dich zurück, dein Gott wird dich rufen zu neuem Leben. Erde zu Erde, Asche zu Asche, Staub zu Staub"*. Damit ist gemeint, dass der Körper des Toten wieder zu Erde, Asche und Staub werden soll. Während der Pfarrer diese Worte spricht, wirft er dreimal eine Handvoll Erde auf den Sarg. Danach können auch die Gäste mit einer Schaufel Erde auf den Sarg werfen. Manche Leute werfen lieber Blumen, Blumenblätter oder einen Abschiedsbrief ins Grab.

Kurz nachdem die Beerdigung beendet wurde, schließen der Bestatter und seine Gehilfen das Grab mit Erde und ein Holzkreuz wird aufgestellt. Das Kreuz erinnert an den Tod Jesu und die Hoffnung der Auferstehung. Später wird dann meistens ein Grabstein aufgestellt.

Oft gehen die Trauernden nach einer Beerdigung gemeinsam in ein Restaurant oder sie treffen sich bei einem Verwandten, um beisammen zu sein. Es tut den meisten Menschen gut, in dieser schwierigen Situation nicht alleine zu sein. Gemeinsam erinnern sie sich dann an den Verstorbenen, erzählen Geschichten über ihn und schauen Fotos an. Die Trauergäste sprechen den engsten Verwandten ihr Beileid aus. Die Erinnerung und Gemeinschaft (Zusammensein mit der Familie oder mit Freunden) kann trösten und Kraft geben.

M30 Friedhof und Trauerfeier: Wichtige Begriffe

Ordne die Begriffe den Bildern zu und trage eine passende Nummer ein.

◯ **Friedhofsweg**	◯ **Kapelle**	◯ **Grab mit Grabstein**
◯ **Grab mit Kreuz**	◯ **Grabschmuck**	◯ **Schaufel**
◯ **Sarg**	◯ **Pfarrer**	◯ **offenes Grab**
◯ **Blumen**	◯ **Trauernde**	◯ **Kranz**

M31 Trauerfeier und Trauerrede

Bei einer christlichen Trauerfeier spricht ein Pfarrer eine Trauerrede. Für diese Rede sucht er in der Bibel nach passenden Sprüchen oder Geschichten, die den Verwandten, Freunden und Bekannten Trost und Mut geben sollen.

1. Lies die Bibelsprüche aufmerksam durch und überlege, welche du für eine Trauerrede wählen würdest. Suche drei Bibelsprüche aus, die dir besonders gut gefallen, und male sie farbig an.

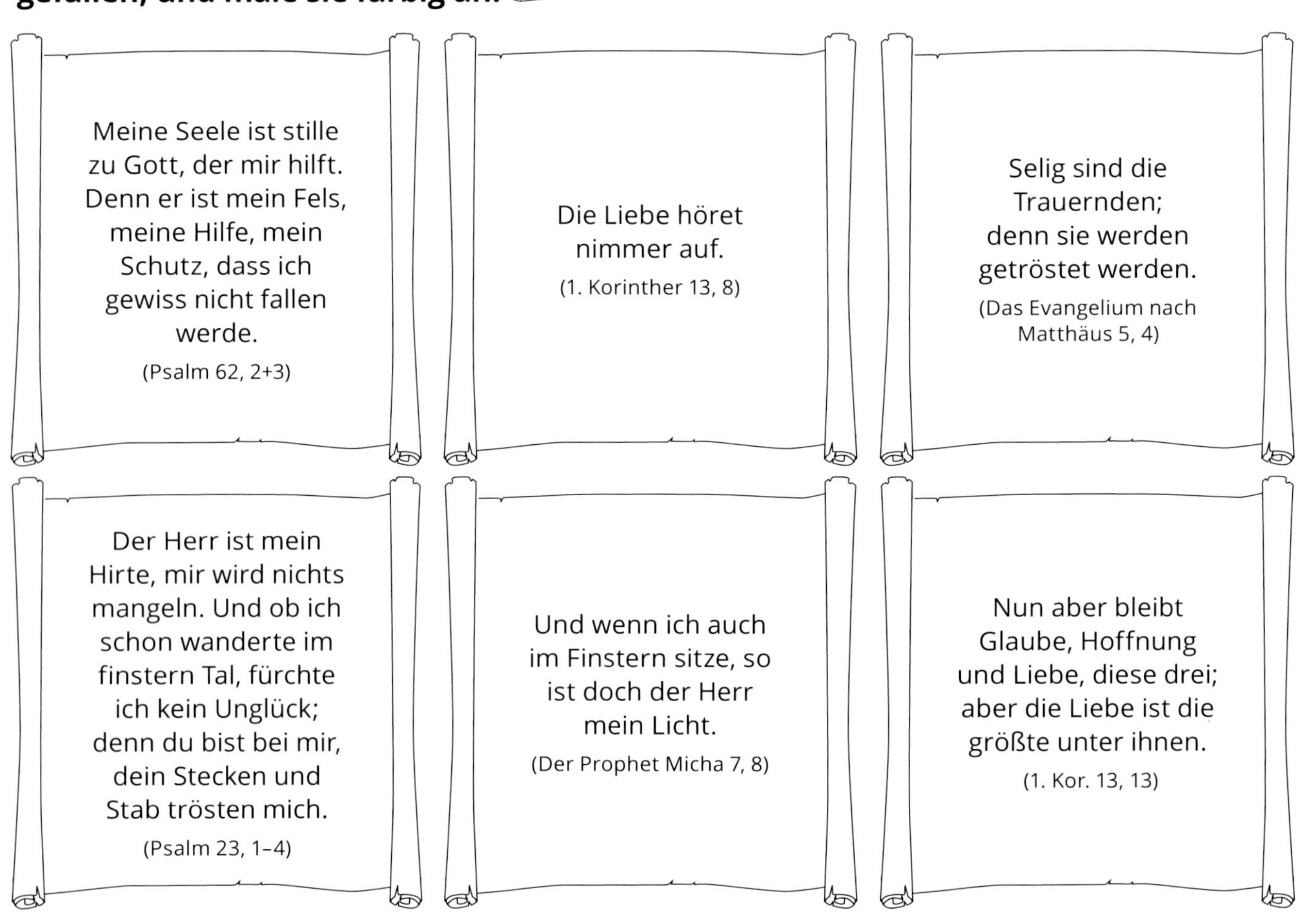

2. Begründe, warum du diese Sätze ausgesucht hast.

Diese Sätze gefallen mir, weil ... ______________________________

____

____

3. Kennst du eine Bibelgeschichte, die traurigen Menschen helfen kann, indem sie ihnen Mut macht oder sie tröstet? Nenne sie.

____

____

2. Mit Kindern im Religionsunterricht über den Tod sprechen und nachdenken

Baustein 7 und 8: Trauer fühlen – Trost suchen und finden

Das Gefühl der Trauer ist unbestritten schmerzhaft und schlimm. Vor diesem Hintergrund ist es keineswegs ausreichend oder hilfreich, Kinder unter Aussparung negativer Aspekte möglichst schnell zu vertrösten und ausschließlich über positiv belegte Hoffnungsbilder zu sprechen. Diesen Ansatz verfolgen einige Kinderbücher zu dieser Thematik. Kinder können dann schnell zu der Überzeugung gelangen, dass ihre eigenen Gefühle und Vorstellungen „falsch“ seien oder mit ihnen etwas nicht stimme, wenn sie bestimmte Jenseitsvorstellungen und Hoffnungsbilder nicht – wie vermeintlich erwartet – augenblicklich trösten.[71] Es ist von besonderer Bedeutung, dass Kinder Trauer als normale menschliche Reaktion erfahren, die mit widerstreitenden Gefühlen wie Wut, Angst und Verzweiflung verbunden ist und bei jedem Menschen unterschiedlich sein kann.[72] Diese Information kann ein wichtiger Beitrag sein, um eigene und andere Gefühle wahrzunehmen und einzuordnen. Gleichzeitig sollten Kindern auch immer Hoffnungs- und Trostperspektiven, die vom Glauben erzählen, angeboten werden.

Material:

Hier kann von der Lehrperson eine geeignete Auswahl aus folgenden Materialien getroffen werden, um sie als Angebote auszulegen:

- Arbeitsblatt „Psalmen: Klage und Trost“ (**M31**)
- Infotext „Trauer und Trauerwörter“ (**M33**)
- Angebot zu Standbildern „Trauer beschreiben – Trauer und Trost empfangen“ (**M34**)
- Mehrere Traueranzeigen und Trauerkarten (vom Lehrer mitzubringen) sowie eine kleine Kiste für Trauersprüche; dazu das Arbeitsblatt „Trauerkarten und Trauersprüche“ (**M35** und **M36**)
- Angebot „Windlicht gestalten“ (**M37**)
- Fotoapparat

1. Zwei ausgewählte Psalmen („Klage“ und „Trost“) werden als stiller Impuls ausgelegt oder an die Tafel geheftet. Die Kinder stellen nun erste Assoziationen dazu an und überlegen, wie diese Worte zu dem Gefühl der Trauer passen. Falls die Kinder noch nicht mit Psalmen gearbeitet haben, sollten sie an dieser Stelle seitens der Lehrperson erfahren, dass diese Worte der Bibel entnommen sind und es sich um sehr alte Worte handelt, die von den Gefühlen, Sorgen und Hoffnungen der Menschen erzählen.
2. Den Kindern werden nun die unterschiedlichen Arbeitsblätter als Angebote zum Thema Trauer vorgestellt (hier kann der Lehrer eine geeignete Auswahl treffen). In diesen beiden Stunden haben die Kinder Zeit, sich mit dem Gefühl der Trauer auseinanderzusetzen und Angebote zu wählen, die ihrem Interesse entsprechen.
3. Die Arbeitsergebnisse werden von einzelnen Kindern vorgestellt, wobei unterschiedliche Gefühle der Trauer benannt oder dargestellt, Legebilder bzw. Fotos zu den Psalmen der Klage gezeigt und Texte dazu vorgelesen werden. Hier können Fragen aus der Sammlung der Kinder aufgegriffen werden, zum Beispiel: *Was können Menschen machen, dass es ihnen wieder etwas besser geht, wenn jemand stirbt?* Hieran anknüpfend können nun Psalmen des Trostes und damit korrespondierende Bilder und Texte vorgestellt und auf diese Worte näher eingegangen werden.

Weitere Ideen:

Eine Betrachtung der Bilder „Es weint" und „Der vergessliche Engel" von Paul Klee lässt sich in diese Bausteine einbinden. Diese Bilder eignen sich besonders, um mit Kindern über das Gefühl der Trauer ins Gespräch zu kommen. Gemeinsam kann die Lerngruppe in einer „Trostkiste“ Wörter, Sätze, Sprüche, Postkarten oder auch Gegenstände, die das Dunkle wieder etwas heller machen können, sammeln. Das Thema Erinnerungen kann schwerpunktmäßig in einer Unterrichtsstunde behandelt werden. Gemeinsam mit der Gruppe lässt sich beispielsweise überlegen, was Lisa aus der Geschichte „Was ist mit Buja?“ (**M13**) alles in ihrer Erinnerungskiste sammeln könnte und es kann ein Erinnerungsbild zu der Geschichte gezeichnet werden.

Die selbstgebastelten Windlichter werden in der letzten Stunde dieser Unterrichtsreihe im Rahmen eines abschließenden Rituals gemeinsam im abgedunkelten Zimmer zum Leuchten gebracht. Dabei liest jedes Kind seinen Spruch oder Psalm vor, entzündet sein Licht und stellt es in die Kreismitte.

Bausteine 9 und 10: Außerschulischer Lernort „Friedhof“: Einen Ort der Trauer kennenlernen

Im Zuge eines gemeinsamen Friedhofsbesuchs soll der Friedhof durch die Lerngruppe als Ort der Stille, der Erinnerung, der Andacht und des Glaubens erfahren werden. Die Begleitung sowie Gespräche vorher, währenddessen und im Anschluss sind von besonderer Bedeutung (siehe **Kap. 2.1**).

---

[71] Vgl. Finger, Gertraud: Mit Kindern trauern, 1998, S. 83.
[72] Vgl. ebd., S. 82 ff.

M32 Psalmen: Klage und Trost

Hier findest du sehr alte Worte aus der Bibel. Diese Worte werden Psalmen[73] genannt. Psalmen sind Lieder, Texte und Gedichte.

1. Lies dir die Sätze durch und entscheide dich dann für einen Klage- und einen Trostpsalm. Überlege, wie diese Worte zu dem Gefühl der Trauer passen.

Klage

Ich rufe bei Tag, doch du gibst keine Antwort. (Psalm 22, 3)	Ich bin wie ein zerbrochenes Gefäß. (Psalm 31, 13)	Ich bin in tiefem Schlamm versunken und habe keinen Halt mehr. (Psalm 69, 3)
Das Wasser geht mir bis an die Kehle. (Psalm 69, 2b)	Ich weine die ganze Nacht, mein Bett ist durchnässt von Tränen. (Psalm 6, 7)	Die Angst presst mir das Herz zusammen. (Psalm 25, 17)

Trost

Du bist Sonne und wärmst mich. (Psalm 84, 12)	Denn du bist mein Fels und meine Burg. (Psalm 31, 4)	Du tröstest mich in Angst. (Psalm 4, 2)
Du hörst mein Weinen. (Psalm 6, 9)	Von allen Seiten umgibst Du mich und hältst Deine Hand über mir. (Psalm 139, 5)	Du machst mir das Dunkel hell. (Psalm 18, 29)

2. Gestalte zu den von dir ausgewählten Psalmen jeweils ein Bild. Verwende dazu die ausgelegten Materialien und denke dabei an die Gefühlsfarben. Fotografiere deine Bilder und klebe sie hier auf. Schreibe die Psalmen dazu auf.

[73] Die Psalmen wurden entnommen aus: Luther Bibel (Exodus), revidierter Text 1984, durchgesehene Ausgabe © 1999 Deutsche Bibelgesellschaft, Stuttgart (www.bibelwissenschaft.de)

M33 Trauertext und Trauerwörter

1. Lies den Informationstext.

Trauer

Es tut weh, einen geliebten Menschen oder ein geliebtes Tier nie mehr wiederzusehen. Wenn jemand stirbt, kann niemand denjenigen zurückbringen, und das ist schwierig zu verstehen. Das Gefühl, das Menschen dabei empfinden, wird Trauer genannt. Es ist ein trauriges Gefühl, das sich sehr schwer anfühlt.

Die Trauergefühle der Menschen sind sehr unterschiedlich: Manche werden ganz stumm und möchten lieber alleine sein, anderen ist es wichtig, mit der Familie oder Freunden zusammen zu sein und über ihre Gefühle zu sprechen. Viele Menschen müssen immerzu an den Verstorbenen denken und weinen. Wieder andere wollen sofort wieder arbeiten oder treiben sehr viel Sport, um sich abzulenken und an etwas anderes zu denken. Es gibt aber auch Menschen, die sehr wütend werden und nicht verstehen wollen, was passiert ist. Menschen sind sehr verschieden und so verschieden ist auch ihre Trauer.

**2. Welche Wörter passen für dich zur Trauer? Kreise sie ein.
Falls dir noch andere passende Wörter einfallen, schreibe sie dazu.**

tanzen – kaputt machen – Angst – wegrennen – Hoffnung –

Einsamkeit – lustlos – erschöpft – beten – verzweifelt –

weinen – Wärme – erschrecken – schlimm – lächeln – Kälte –

Freude – Vertrauen – Wut – Dankbarkeit – Erinnerung –

Eifersucht – müde – laut schreien – Hass – Frieden –

singen – hell – Liebe – stark – dunkel – stumm sein –

niedergeschlagen – Mut – sich verkriechen – schlagen –

schwach – Sehnsucht – verstecken – kraftlos – matt – verwirrt

____

____

M34 Trauer beschreiben, Trauer empfinden, Trost finden

Suche dir einen Partner. Schaut euch die trauernden Personen auf den Bildern genau an. Überlegt, was die Person auf dem Bild gerade macht und wie sie sich fühlt. Stellt die Bilder als Standbild dar und wechselt euch dabei ab. Fallen euch noch weitere Situationen zu dem Thema Trauer ein, die ihr als Standbild darstellen könnt?

M35 Trauerkarten und Trauersprüche

1. Lies den Text.

Wenn jemand gestorben ist, verschicken Verwandte, Freunde und Bekannte Trauerkarten an die Hinterbliebenen. Es tut Menschen in ihrer Trauer gut, zu wissen, dass andere Menschen an sie denken. Diese Karten haben besondere Motive, Sprüche und Symbole und manchmal auch einen schwarzen Rand als Zeichen der Trauer. Auch die Briefumschläge können so einen Rand haben. Oft stellen die Verwandten eines Verstorbenen eine Anzeige in die Zeitung, damit andere vom Tod dieser Person erfahren können.

Traueranzeige

Bei Gott allein kommt meine Seele zur Ruh, von ihm kommt mir die Hilfe. (Psalm 62,2)

Arianne Gerald
geb. Schulz

*29.05.1936 ✝ 06.02.2016

In stiller Trauer:
Ehemann mit Kindern

Die Beerdigung findet am 12.02.2016 auf dem Waldfriedhof in Wiesbaden statt.

Trauerkarte

2. Was fällt dir auf, wenn du die Traueranzeige betrachtest? Schreibe es auf.

____

____

3. Welche Bildmotive auf Trauerkarten gefallen dir? Zeichne hier ein Motiv ab oder erfinde ein eigenes, das gut auf eine Trauerkarte passen würde.

Die Psalmen wurden entnommen aus: Luther Bibel (Exodus), revidierter Text 1984, durchgesehene Ausgabe © 1999 Deutsche Bibelgesellschaft, Stuttgart (www.bibelwissenschaft.de)

M36 Trauersprüche

Hier findest du verschiedene Sprüche und Gedanken von Trauernden.

Eine Schatzkiste öffnen, Fotos von dir, Fotos von uns. Briefe, viele Briefe, kleine Andenken, unsere Erinnerungen, schöne Erinnerungen, sie bleiben.	Du bist fern, doch wenn ich ganz still bin, die Augen schließe und an dich denke, dann bist du ganz nah bei mir.	Die Nacht ist dunkel, doch am Himmel leuchtet etwas, es sind Sterne, viele Sterne, Hoffnung in der Dunkelheit.
Meine Liebe zu dir ist da, auch wenn du nicht mehr da bist. Sie ist immer da.	Klein fühle ich mich, klein und allein, doch dann kommt jemand, schließt mich in die Arme und ich fühle Trost.	Danke, dass du da warst. Danke, dass wir spielen, reden und lachen konnten. Danke, dass wir singen, tanzen und weinen konnten. Danke, dass du da warst.

1. Suche dir einen Spruch aus, der dir besonders gefällt, und schreibe ihn in Schönschrift in den Schmuckrahmen.

2. Vielleicht kannst du auch einen eigenen Trauerspruch erfinden? Schreibe ihn auf.

M 37 Eine Tischleuchte basteln

Bastle eine Tischleuchte und schreibe einen Trostspruch oder Psalm darauf.

Du brauchst:

- Trostspruch/Trostpsalmen
- weißes Papier, Bleistift und dünner, schwarzer Stift
- Windlichtglas ohne Boden
- Pinsel und Klebstoff
- Strohseide (verschiedene Farben; bereits zurechtgeschnitten)
- Naturbast
- kleine(s) Filzblume/-herz/-sonne

Suche dir einen Trostspruch, der dir besonders gut gefällt, und schreibe ihn mit Bleistift auf das Papier. Fahre mit einem dünnen, schwarzen Stift den Spruch noch einmal nach. Nimm dir dann ein Glas und Strohseide. Streiche das Glas dünn mit Kleber ein, verwende dafür einen Pinsel. Wickel die Strohseide um dein Glas und klebe sie fest. Nun klebe deinen Psalm oder Trostspruch auf die Strohseide. Wickle oben um das Glas etwas Naturbast. Du kannst dein Glas noch mit einer Blume, einem Herzen oder einer Sonne aus Filz verzieren.

Wenn alle Kinder eine Tischleuchte gebastelt haben, könnt ihr mit eurem Lehrer oder eurer Lehrerin gemeinsam die Lichter zum Leuchten bringen.

2.3.2 Unterrichtsreihe 2: Eine Unterrichtsreihe zu dem Bilderbuch „Abschied von Rune": „Psalmworte erzählen von Gefühlen der Menschen"

Zum Inhalt des Buches

Das Bilderbuch „Abschied von Rune"[74] von Marit Kaldhol kann inzwischen zu den Klassikern der Bücher für Kinder zum Thema Tod gezählt werden. Wenngleich das 1988 mit dem Deutschen Jugendliteraturpreis ausgezeichnete Werk bereits seit einiger Zeit auf dem Markt ist, gehört es nach wie vor zu den Bilderbüchern, welche diese Thematik in einer realistischen und zugleich kindgerechten und für eine Besprechung im Grundschulunterricht geeigneten Weise behandeln.

Der Autorin gelingt es auf besonders einfühlsame Art und Weise, Bildwelten und Text so zusammenspielen zu lassen, dass sich Kinder mit den verschiedenen Emotionen der Bilderbuchfigur behutsam auseinandersetzen können.

„Abschied von Rune" erzählt von der Freundschaft der beiden Kinder Sara und Rune – und dem plötzlichen Tod des Jungen durch Ertrinken beim Spielen. Das Mädchen „Sara" durchlebt in Folge des Verlustes verschiedene Trauergefühle und erlebt auch die Beerdigung ihres Freundes mit. Eine zentrale Rolle spielt in dieser Geschichte die Figur der Mutter, die dem Mädchen Schutz in dieser schwierigen Situation bietet. Manchmal ist sie einfach nur da und nimmt Sara in den Arm, dann wieder beantwortet sie vorsichtig und ohne zu beschönigen die Fragen des Kindes.

Kinder zwischen acht und zehn Jahren können in der Regel die Endlichkeit des Todes zunehmend erfassen und wissen auch, dass Kinder sterben können. Sie hören durch die Medien von Unfällen, Krankheiten und Kriegen, sehen verstörende Bilder oder haben eigene Erfahrungen im familiären Umfeld oder im Bekanntenkreis gemacht. Der in „Abschied von Rune" thematisierte plötzliche Unfalltod eines Kindes sollte aus diesem Grunde nicht als Ausschlusskriterium für einen Einsatz im Unterricht gelten. Das Bilderbuch eignet sich, um mit Kindern über die Themen Abschied, Tod und Trauer ins Gespräch zu kommen und gemeinsam über die Fragen und Gefühle der Bilderbuchfigur Sara nachzudenken. Zudem enthält „Abschied von Rune" Elemente, die den christlichen Glauben aufgreifen und im Religionsunterricht besprochen werden können. So werden beispielsweise die christlichen Beerdigungsrituale beschrieben: dunkle Kleidung, Sarg, Altar, Kränze, Blumensträuße, Pfarrer im schwarzen Talar, Orgelmusik, Trauergemeinde, die letzten Worte des Pfarrers am Grab, mit der Schaufel Erde auf den Sarg werfen etc.

Vorüberlegungen zur Durchführung der Unterrichtsreihe

Für diese Unterrichtsreihe wird das Bilderbuch „Abschied für Rune" benötigt, um gemeinsam die Bilder zu betrachten. Die bewusst verschwommene Darstellungsweise der Bilder spiegelt Stimmungen und Gefühle wieder, die sich besser mit den Kindern besprechen lassen, wenn die betreffenden Bilder vergrößert dargestellt werden. Falls die Möglichkeit besteht, können die Bilder des Bilderbuches alternativ mithilfe einer Dokumentenkamera an die Wand geworfen werden.

Jede Stunde sollte gemeinsam im Kreis mit einem Ritual starten und enden (siehe Kap. **2.1**). Zudem sollte die Lehrperson das Begleittagebuch aus **Kap. 2.1** für jedes Kind vorbereiten.

[74] Kaldhol, Marit: Abschied von Rune, Heinrich Ellermann Verlag, 16. Auflage, 1. Februar 1987.

2. Mit Kindern im Religionsunterricht über den Tod sprechen und nachdenken

Baustein 1: Abschiede im Leben

Material:

- Bilderbuch „Abschied von Rune"
- Kamishibai oder Dokumentenkamera

1. Die Lehrperson präsentiert wahlweise die ersten beiden Bilder oder lediglich das erste Bild und liest die Geschichte vor bis zu dem Satz *„Es macht viel Spaß"*.
2. Den Kindern wird das Bild präsentiert, auf welchem Sara und Rune sich voneinander verabschieden. Die Lehrperson liest bis zu dem Abschiedskuss *„... gibt ihr ganz schnell einen Kuss auf die Backe. Sie lächeln sich an."* Sara und Rune spielen hier einen Abschied nach. Gemeinsam in der Klasse wird dann besprochen, wie Menschen sich voneinander verabschieden können und verschiedene Möglichkeiten des Abschieds werden pantomimisch dargestellt.
3. Die Lehrperson liest den letzten Abschnitt bis *„Das ist der Kuss, denkt sie"*. Gemeinsam wird das Bild von Sara (Bild 4) betrachtet und überlegt: Was denkt Sara wohl bei diesem Abschied?
4. Es wird überlegt, welche Situationen es noch gibt, in denen Menschen sich voneinander verabschieden müssen. Die Kinder sammeln in Einzel- oder Partnerarbeit verschiedene Abschiedssituationen auf Karten (bspw. Reise, Umzug, Schulwechsel, Tod etc.) und schreiben passende Gefühle um die gefundenen Wörter. Alternativ kann auch zu dem Wort „Abschied" ein Cluster angelegt werden.
5. Die Kinder erzählen von Abschiedssituationen und damit verbundenen Gefühlen. Es wird unterschieden zwischen kurzen und längeren Abschieden sowie Abschieden für immer. Dabei lassen sich die Abschiede auch in „leichte" und „schwere" Abschiede einteilen.

Baustein 2: Das weiß ich schon – Das möchte ich wissen

Material:

- Bilderbuch „Abschied von Rune"
- Satzstreifen, Gedankenblasen und Bild eines Bootes (**M38**)
- Bilder aus dem Bilderbuch (Bilder 5, 6, 8)
- schwarzes Chiffontuch
- beschreibbare Karten
- 2 Plakate (Din A3)
- optional: Lied „Ich denk an dich" (auf CD, mit CD-Spieler, von der Lehrperson mitzubringen)

1. Die Lehrperson fasst die Ergebnisse aus der letzten Stunde noch einmal zusammen und erwähnt, dass es leichte und schwere Abschiede im Leben gibt.
2. Die Geschichte wird bis zu dem Satz *„Aber Rune gibt keine Antwort"* weitergelesen, dabei kann das Bild von Sara (Bild 6) genauer in den Blick genommen werden. In die Kreismitte legt die Lehrperson die vorbereiteten Satzstreifen, Gedankenblasen sowie ein Bild von einem Boot. Alternativ können diese Materialien auch an die Tafel geheftet werden. Mögliche Fragen der Lehrperson: *Was geht ihr durch den Kopf? Was macht Sara jetzt? Wie kann sie Rune helfen?* Es wird darüber gesprochen, wie Menschen einander in Notsituationen helfen können.
3. Die Lehrperson liest bis *„Liebe, kleine Sara!"*, präsentiert das Bild von Sara und ihrer Großmutter (Bild 8) und lässt den Kindern Raum, sich zu dem Bild und den Geschehnissen in der Geschichte zu äußern.
4. Die Kinder erfahren anschließend vom Tod der Bilderbuchfigur „Rune". Die Lehrperson stoppt bei dem Satz *„Jetzt ist er tot"*. Ein schwarzes Chiffontuch wird um das Bild vom Boot in der Kreismitte gelegt. Im gemeinsamen Gespräch wird auf das Vorwissen der Kinder zum Thema Tod sowie ihre spontanen Fragen eingegangen. Anschließend notieren die Kinder auf vorbereiteten Karten ihr Wissen und ihre Fragen zum Tod.
5. Gemeinsam werden die Karten themenbezogen (Wissen zum Zustand des Todes, Fragen zum Jenseits etc.) sortiert und auf zwei Plakate geklebt. Im Laufe der Reihe wird gemeinsam nach Antworten zu den Fragen gesucht, die notiert und unter die entsprechenden Fragen geklebt werden. Bei Fragen, die sich nicht so leicht beantworten lassen, wird weitergefragt. (Es empfiehlt sich, an dieser Stelle das in den Vorüberlegungen erwähnte Begleitheft einzusetzen.)
6. Die Lehrperson liest bis zu dem Satz weiter: *„Wenn wir an jemanden denken, ist er irgendwie noch bei uns"*. Es wird eine Kerze angezündet und das Lied *„Ich denk an dich"* wird gemeinsam gesungen.

2. Mit Kindern im Religionsunterricht über den Tod sprechen und nachdenken

Baustein 3: Rune ist tot. Was passiert nach dem Tod?

Material:

- Bilderbuch „Abschied von Rune"
- festes, weißes Papier (DIN A5)
- Jaxon-Kreide (verschiedene Farben)
- Gedicht *„Jemand stirbt"* von Benoit Marchon (**M22**)
- optional: Meditative Musik und CD-Spieler

Zum Verlauf:

1. Rune ist tot. *Was bedeutet das, wenn jemand tot ist? Was passiert mit einem Toten?* Diesen Fragen soll in dieser Stunde zunächst in einem kurzen Gespräch nachgegangen werden. Dabei lassen sich auch Sachfragen beantworten, beispielsweise: *Wie wird der Tod festgestellt – und wer stellt ihn fest? Woran erkennen wir, dass jemand tot ist?* Im Anschluss liest die Lehrperson den Abschnitt von *„Er kann nichts mehr …"* bis *„Rune ist tot"*.
2. Ausgehend von den vorangegangenen Fragestellungen, finden die Kinder nun durch freies Zeichnen und Schreiben einen selbstbestimmten Zugang zu der Frage: *Was passiert nach dem Tod? Was denkst du?* Sie erhalten Gelegenheit, ihre Vorstellungen zum Tod aufzumalen und zu ihren Bildern Texte zu schreiben. Im Hintergrund läuft leise meditative Musik. In dieser Phase kann die Lehrkraft sich ein Bild von den Ansichten der Kinder machen.
3. Nach der Arbeitsphase betrachten die Kinder ihre Bilder im „Museumsgang" und können anschließend ihre Ergebnisse vorstellen. Die Lehrkraft informiert die Kinder darüber, dass Menschen sich schon immer Gedanken zum Tod gemacht haben und ihre Vorstellungen, Ängste, Hoffnungen auch in Liedern, Gedichten oder Bildern ausgedrückt haben. Die Kinder erfahren dabei, dass auch Erwachsene nach Antworten suchen müssen und der Glaube dabei helfen kann. Gemeinsam kann an dieser Stelle überlegt werden, welche Vorstellung vom Jenseits Christen haben.
4. Zum Ende der Stunde werden die ersten drei Strophen des Gedichts *„Jemand stirbt"* von Benoit Marchon vorgelesen Die Strophen des Gedichtes geben Hoffnung, dass mit dem Tod nicht alles vorbei ist, und regen zum Nachdenken an. Es wird gemeinsam überlegt, wie das Gedicht weitergehen könnte (**M22**).

Baustein 4 und 5: Rune wird beerdigt – Über Beerdigungen sprechen

Material:

- Bilderbuch „Abschied von Rune"
- Bild der Trauerfeier in der Kirche (Bild 12)
- Bild der Trauernden am Grab (Bild 14)
- Bilder Friedhof (Bild 16, 17, 18)
- Kopiervorlagen aus **Kap. 2.3.1** (Thema Friedhof); Kiste mit Materialien dazustellen

Zum Verlauf:

1. Zu Beginn der Stunde wird das Bild von der Trauerfeier in der Kirche (Bild 12) gemeinsam betrachtet. Kinder, die bereits auf einer Beerdigung waren, bringen eventuell an dieser Stelle ihre eigenen Erfahrungen ein. Es kann auf bestimmte Aspekte näher eingegangen werden: Pfarrer, Angehörige, Sarg, dunkle Kleidung, Musik, Kranz, Blumen etc. Auch die Frage *„Was gehört zu einem schönen Abschied?"* lässt sich mit diesem Bild verknüpfen.
2. Die Lehrperson liest ab *„Sie haben ihn gewaschen …"* bis zu dem Wort *„hellblau"*. Danach zeigt sie das Bild der Trauernden am Grab (Bild 14). Die Kinder beschreiben das Bild von Runes Beerdigung; die Satzstreifen *„Ich sehe …"*, *„Ich denke …"*, *„Ich frage mich …"* (UR1, **M16**) können dabei unterstützend eingesetzt werden. Mögliche Überlegungen: *Was könnte Sara zu Runes Schwester sagen? Was sagen Menschen in so einer Situation zueinander? Gibt es Worte, die trösten? Kann man auch ohne Worte trösten?* Die Geschichte wird bis zu dem Abschnitt weitergelesen, an dem Saras Mutter Sara verspricht, dass sie Runes Grab im Frühling besuchen werden. Dabei werden die Bilder vom Friedhof gezeigt.

   Wichtiger Hinweis:

   So sehr „Abschied von Rune" im Vergleich zu anderen Bilderbüchern auch für den Einsatz im Unterricht geeignet ist, so gibt es doch in diesem Buch zwei Stellen, die für einige Kinder ohne weitere Erläuterungen u. U. verstörend wirken können. Beispielsweise antwortet Saras Vater auf ihre Frage *„Aber was ist, wenn er nun mal aufwacht und aufstehen will und er kriegt den Deckel vom Sarg nicht auf?"* mit dem Satz *„Er schläft für immer"*.

   Hier gilt es zu bedenken, dass der Tod nicht mit Schlaf verglichen, geschweige denn gleichgesetzt werden sollte, da Kinder andernfalls Ängste vor dem Einschlafen entwickeln können[75] – oder aber den Tod als ‚Variante des Schlafes' verharmlosen könnten. Des Weiteren sollten die Sätze *„Da unten liegt Rune. Dort wird er immer liegen. Er liegt ganz still. Und ganz allein."* aufgrund ihrer möglicherweise ebenfalls verstörenden Wirkung auf einige Kinder beim Vorlesen weggelassen werden. Das Gleiche gilt für das schwarz-weiß Bild von Rune in Embryonalhaltung (Bild 15).

3. In Einzel- oder Partnerarbeit beschäftigen sich die Kinder in dieser und der nächsten Stunde mit Angeboten zu den Themen: *Beerdigung, Friedhof, Traueranzeigen, Trauernde, religiöse Symbole* und sammeln hierzu Informationen (hier kann beispielsweise eine Auswahl der Materialien der Unterrichtsreihe 1 (**M33–M37**) getroffen werden). Während der Arbeitsphase findet die Lehrkraft Zeit, sich mit einzelnen Fragestellungen der Kinder zu befassen und sie individuell zu begleiten.
4. Zum Ende der jeweiligen Stunden tauschen sich die Kinder über ihre gesammelten Informationen aus. Abschließend informiert die Lehrperson die Kinder über die Totengedenktage im November (Bezugnahme: Kirchenjahr).

Baustein 6 und 7: In der Bibel stehen Psalmen – Worte und Bilder für Klage und Trost entdecken

Material:

- Bild von Sara vor der Beerdigung (Bild 10)
- Psalm: *„Ich bin wie ein zerbrochenes Gefäß"* sowie *„Du hörst mein Weinen"*
- *„Psalmen Infoplakat"* (**M39**), eine vergrößerte A3-Kopie zum Aushängen
- *„Psalmen: Klage"* (**M40**) und *„Psalmen: Trost"* (**M41**), Psalmworte kopiert und ausgeschnitten zur Auswahl für die Kinder
- Kopiervorlagen *„Mein Psalmwort zum Bild"* (**M42**)
- Kopiervorlage *„Psalmwort zu meinem Erlebnis"* (**M43**)
- drei Angebotskarten zu Psalmen **(M44)**
- Kopiervorlage *„Psalmen-Reflexionskarten"* (**M45**)
- Jaxon-Kreide, Wachsmalstifte
- Legebild: evtl. flache Holzkisten, schwarzes Tonpapier (DIN A4; evtl. noch andere Farben), Holz, Steine, Stoffe, Muggelsteine, Kreuz, Pfeifenputzer (verschiedene Farben), Filzblumen, Chiffontücher, Kegelfiguren etc.
- evtl. meditative Musik und CD-Spieler

Zum Verlauf:

1. Das Bild von Sara vor der Beerdigung (Bild 10) liegt in der Mitte des Kreises. Die Lehrperson legt den Klagepsalm *„Ich bin wie ein zerbrochenes Gefäß"* als stillen Impuls kommentarlos dazu. Die Kinder stellen erste Assoziationen zu diesem Psalmwort aus der Bibel an. Nach einiger Zeit wird – erneut kommentarlos bzw. als stiller Impuls – der Trostpsalm *„Du hörst mein Weinen"* dazugelegt. Die Kinder bringen ihre ersten Assoziationen durch ein freies Gespräch zum Ausdruck.
2. Falls das Thema Psalmen noch nicht im Unterricht behandelt wurde, informiert die Lehrperson die Kinder über Herkunft, Alter und Inhalte der Psalmen. Die Kinder erfahren von Menschen, die vor Tausenden von Jahren sowohl ihre Verzweiflung, ihre Ängste als auch ihre Dankbarkeit in Worte gefasst haben und, dass diese Worte ihren Weg in die Bibel (ins Alte Testament) fanden und sie auch heute noch Gültigkeit für uns Menschen haben. Die Kinder überlegen gemeinsam, an wen sich diese Worte richten.
3. Weitere Psalmworte der Klage und des Trostes werden aus einer Schatzkiste genommen, vorgelesen und zu Saras Bild gelegt. Es wird der Frage nachgegangen, inwiefern diese Worte zu Saras Situation passen. Die Kinder erhalten nun den Arbeitsauftrag (passend zu den ausgelegten Psalmworten aus **M40** und **M41**):

   Wähle ein Psalmwort, das zu Saras Gefühlen passt, und schreibe deine Gedanken auf oder gestalte ein passendes Bild dazu. Du kannst auch ein Psalmwort wählen, dass zu deinem eigenen Erlebnis passt und dazu schreiben oder ein Bild gestalten. Gestalte dein Bild entweder mit Gefühlsfarben oder mit Legematerialien. Dazu kannst du ein Angebot an den Tischen auswählen (**M44**). Die Lehrperson weist darauf hin, dass in der Arbeitsphase an verschiedenen Tischen drei Angebote bereitstehen.

   In dieser Arbeitsphase setzen sich die Kinder kreativ und individuell mit Psalmworten auseinander. Im Mittelpunkt steht das Zusammenbringen ausgewählter Klage- und Trostworte aus den einzelnen Psalmen mit eigenen Gedanken und Gefühlen zum Thema Trauer. Verschiedene kreative Angebote ermöglichen den Kindern, einen eigenen Zugang zu den Worten zu finden, diese auf eine Trauersituation zu beziehen und eine Sprache für bedrückende Gefühle zu entwickeln. Dabei können sie die Gefühlsperspektive der Bilderbuchfigur Sara aus „Abschied von Rune"

[75] Vgl. Georg, Jutta: Kinder erleben Tod und Trauer (Kurzfassung des Forums Kinder in Kirche und Gesellschaft der Deutschen Evangelischen Allianz 16./17. März 2007, S. 4.

einnehmen und/oder zu eigenen Erlebnissen arbeiten. Die Erarbeitung der Angebote erfolgt bei meditativer Musik in Einzelarbeit. Diese Arbeitsform eignet sich, da es sich bei diesem Thema um sehr persönliche Gefühle handelt und die Kinder einen eigenen Zugang zu ausgewählten Psalmworten finden sollen. Die Musik unterstützt das ruhige Arbeiten und sorgt für eine entspannte Atmosphäre.

Die gewählte offene Unterrichtsform der Arbeitsangebote trägt der Heterogenität einer Lerngruppe Rechnung, da das Thema so auf verschiedenen Darstellungsebenen aufbereitet wird (Malen, Legebilder, Schreiben) und damit unterschiedliche Lerntypen anspricht. Zudem wird durch offene Aufgabenstellungen differenziert, da den Kindern unterschiedliche Gestaltungsmöglichkeiten zur Verfügung stehen. Die Angebote sprechen verschiedene emotionale Ebenen der Kinder an und fördern dadurch die Auseinandersetzung mit eigenen wie auch den Gefühlen anderer. Durch die Gestaltung können die Kinder Inhalte und Begriffe so erleben, dass innere Bilder und Gedanken reflektiert werden. Um die Kinder nicht zu überfordern, arbeiten sie mit einzelnen ausgewählten Psalmworten.

4. Anschließend können die Kinder ihre Ergebnisse im „Museumsgang" betrachten und/oder vorstellen. Die Arbeitsergebnisse werden auf freiwilliger Basis vorgestellt. Um die Gefühlswelt der Kinder nicht zu verletzen, wird auf unmittelbare Kommentare und Fragen verzichtet. Es wird überlegt, was Psalmworte für Menschen und für sie selbst bedeuten können. Die Reflexionsphase wird durch einen Reflexionsbogen (**M45**) unterstützt, der zuvor ausgefüllt wurde. Es kann auch die Arbeitsmethode reflektiert werden. Am Ende der beiden Unterrichtsstunden wird erarbeitet, dass Psalmworte eine wichtige biblische Ausdrucksform für Gefühle sind. Gleichzeitig erfahren sie von Menschen, die sich schon vor vielen tausend Jahren in schweren Lebenssituationen klagend, bittend, hoffend an Gott gewandt haben und auch wieder Trost gefunden haben.

Zur Veranschaulichung des Unterrichtsgeschehens hier einige Impressionen aus diesen Unterrichtsstunden eines vierten Schuljahres:

**Überlege wie dein Psalmwort zu Saras Situation und Gefühlen passt.
Schreibe deine Gedanken dazu auf.**

Sara weinte sie versank in ihren
Gedanken mit den tollen sachen die sie
mit Rune gemacht hatten bis zu Runes
tod plötzlich war sie still und betete: „
lieber Gott oh bitte. las Rune in deinem
Himmelreich und beschütze ihn nun ist
er bei dir beschützt, gewärmt, und geliebt.

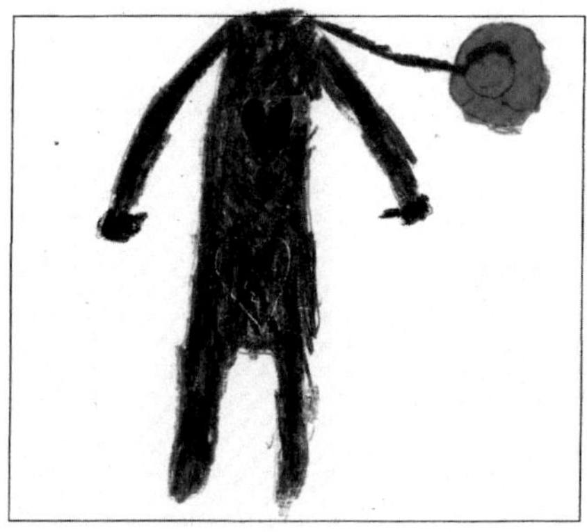

Die Angst presst mir das Herz zusammen.
(Ps. 25, 17)

Überlege wie dein Psalmwort zu Saras Situation und Gefühlen passt.
Schreibe deine Gedanken dazu auf.

Sara hat sehr Angst vor Runes Beerdigung. Sie hat so Angst das die Angst größer ist als ihr Herz. Die Angst von ihr presst ihr das Herz gegen die Angst. Ihre Angst ist so groß das ihr Herz zerbricht. Die Liebe zu Rune ist größer als ihre Angst. Sie weint das sie vergisst das die Liebe von ihr und Rune stärker ist.

Ich bin wie ein zerbrochenes Gefäß.
(Ps. 59, 10)

Überlege wie dein Psalmwort zu Saras Situation und Gefühlen passt.
Schreibe deine Gedanken dazu auf.

Sara fühlt sich sehr schlecht und unwohl in ihrer Haut. Sie ist sehr traurig und hat Angst. Vielleicht redet sie ja innerlich mit ihrem Freund Rune. Aber trotzdem ist sie besorgt das er jetzt tot ist. Sara hat einen dicken Stein auf dem Herzen. Es ist als ob plötzlich ein Stück von ihrer Seele fehlen würde, weil sie jemanden verloren hat den sie sehr vermissen wird.

Ich bin wie ein zerbrochenes Gefäß.
(Ps. 59, 10)

Überlege wie das Psalmwort zu deinem Erlebnis und deinen Gefühlen passt.
Schreibe deine Gedanken dazu auf.

Das erste mal ging es mir so als Meine Großmutter gestorben ist. Ich muste mit meiner Kusine bei meiner Tante schlafen. Meine Kusine hat geweint sie dachte das sie gestorben ist, aber da unsere Eltern es vor uns verheimlicht haben wusten wir nichts. Doch als ich es erfuhr war ich wütend auf meine Eltern und traurig weil ich meine Großmutter verloren hab. Ich hab mich gefühlt wie ein zerbrochenes Gefäß!

2. Mit Kindern im Religionsunterricht über den Tod sprechen und nachdenken

Baustein 8: Traurig sein – Trost finden und geben

Material:

- Bilderbuch „Abschied von Rune"
- Bilder (Bild 20 und 22, 23 und 24)
- Bild 22 und 23
- große, weiße Kerze und Chiffontücher (gelb und schwarz)
- Trost- und Klagepsalmen in einer Schatzkiste

Verlauf:

1. Die Bilder aus dem Buch 20, 22, 23 und 24 werden noch einmal gemeinsam betrachtet und die Arbeitsergebnisse der Kinder aus der letzten Stunde dazugelegt (Fotos der Legebilder, entstandene Bilder und Texte).
2. Das Bilderbuch wird in dieser Stunde zu Ende gelesen. Die Kinder schauen die Bilder 22 und 23 an und schreiben ihre Gedanken zu den beiden Bildern auf. Die Kinder können in ihr Begleittagebuch auch noch ein Gebet für Rune oder einen Trostbrief für Sara schreiben.
3. Die Lehrkraft gestaltet die Kreismitte mit schwarzen und gelben Tüchern und platziert in der Mitte eine Kerze und eine Schatzkiste mit Trost- und Klagepsalmen.
4. Die Kinder kommen in den Kreis, stellen ihre Arbeitsergebnisse vor und es wird ein Gespräch darüber geführt, was Sara in dieser Situation Trost gibt. Zum Schluss werden Klage- und Trostpsalmen abwechselnd vorgelesen und jeweils auf die schwarzen und gelben Tücher gelegt.

Baustein 9 und 10: Einen Friedhof besuchen

Zum Abschluss der Reihe besucht die Lerngruppe, sofern möglich, einen Friedhof. Die Kinder betrachten Grabsteine und -kreuze sowie Grabsteininschriften und Symbole und entdecken diese als Zeichen christlicher Hoffnung. Sie lernen den Friedhof als Ort der Erinnerung, der Ruhe und des Friedens kennen. Der Besuch wird idealerweise von einem Pfarrer begleitet (siehe **Kap. 2.1**).

M38 Abschied von Rune: Satzstreifen und Bild

M39 Infoplakat Psalmen

Psalmen

- Die Psalmen stehen im Alten Testament der Bibel.
- Psalmen sind Lieder, Gebete oder Gedichte.
- Es gibt 150 Psalmen.

- Die Psalmen sind vor ca. 2500 bis 3000 Jahren entstanden.
- Sie erzählen von Gefühlen und Gedanken der Menschen.
- Die Psalmen berichten von dem Leid, das Menschen erlebt haben und das sie im Gebet vor Gott bringen.

- Es gibt Klagepsalmen und Trost- bzw. Vertrauenspsalmen. Klage bedeutet, den eigenen Kummer und die eigenen Sorgen in Worte zu fassen.
- Es gibt aber auch Dank- bzw. Lob- und Bittpsalmen.
- Die Psalmen zeigen, dass Menschen, die in Not waren, trotz allem Gottes Nähe gespürt und seine Hilfe erfahren haben.
- Die Menschen danken und loben Gott in den Psalmen für seine Güte und Macht.
- In den Psalmen reden Menschen ganz direkt mit Gott.
- Psalmen ermutigen Menschen, auch in schwierigen und verzweifelten Situationen auf Gott zu vertrauen.
- Menschen beten heute noch Psalmen. Ein bekannter Psalm ist zum Beispiel: Der Herr ist mein Hirte (Psalm 23).

M40 Psalmen: Klage

Ich bin wie ein zerbrochenes Gefäß.

(PS. 31, 13)

Die Angst presst mir das Herz zusammen.

(PS. 25, 17)

**Ich bin gekrümmt und tief gebeugt,
den ganzen Tag gehe ich traurig einher.**

(PS. 38, 7)

**Ich weine die ganze Nacht, mein Bett ist
durchnässt von Tränen.**

(PS. 6, 7)

Sammle meine Tränen in einen Krug.

(PS. 56, 9)

**Aus der Tiefe rufe ich zu dir.
Höre meine Stimme.**

(PS. 130, 1)

M41 Psalmen: Trost

Denn du bist mein Fels und meine Burg.

(PS. 31, 34)

Und wenn ich wandere im finsteren Tal,
bist du bei mir.

(PS. 23, 4)

Du hörst mein Weinen.

(PS. 6, 9)

Du tröstest mich in der Angst.

(PS. 4, 2)

Wer in Not ist, findet bei dir Hilfe.

(PS. 3, 9)

Du gibst mir Halt, du bietest mir Schutz.

(PS. 59, 10)

M42 Mein Psalmwort zum Bild

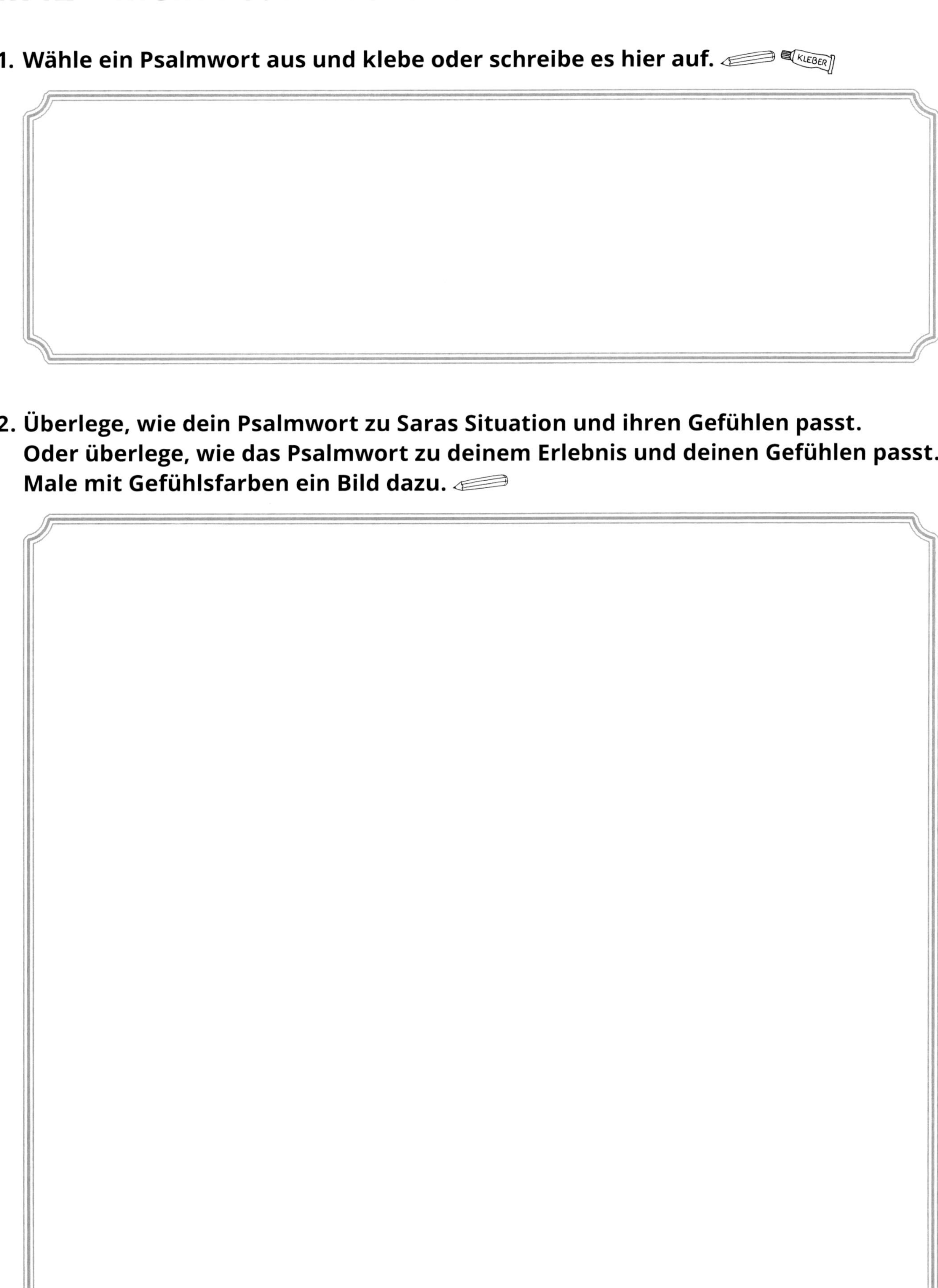

1. **Wähle ein Psalmwort aus und klebe oder schreibe es hier auf.**

2. **Überlege, wie dein Psalmwort zu Saras Situation und ihren Gefühlen passt. Oder überlege, wie das Psalmwort zu deinem Erlebnis und deinen Gefühlen passt. Male mit Gefühlsfarben ein Bild dazu.**

M43 Psalmwort zu meinem Erlebnis

1. Wähle ein Psalmwort aus und klebe oder schreibe es hier auf.

2. Überlege, wie das Psalmwort zu Saras Situation und ihren Gefühlen passt.
   Oder überlege, wie das Psalmwort zu deinem Erlebnis und deinen Gefühlen passt.
   Schreibe deine Gedanken dazu auf.

M44 Psalmen-Angebotskarten

Angebot 1: Schreiben 

1. Wähle ein Psalmwort.
2. Klebe dein Psalmwort auf das Arbeitsblatt und überlege, wie das Psalmwort zu Saras Situation oder zu deinem Erlebnis passt.
3. Schreibe deine Gedanken dazu auf.
4. Du kannst dein Ergebnis vorstellen.

Angebot 2: Bild malen 

1. Wähle ein Psalmwort.
2. Klebe dein Psalmwort auf das Arbeitsblatt und überlege, wie das Psalmwort zu Saras Situation oder zu deinem Erlebnis passt.
3 Male mit Gefühlsfarben ein Bild dazu.
4. Du kannst dein Ergebnis später vorstellen.
5. Erzähle den anderen Kindern: Was genau zeigt dein Bild? Warum hast du diese Farben gewählt?

Angebot 3: Bild legen 

1. Wähle ein Psalmwort.
2. Überlege, wie das Psalmwort zu Saras Situation und Gefühlen oder zu deinem Erlebnis und deinen Gefühlen passt.
3. Wähle aus den Legematerialien (zum Beispiel Holzkegel, Tücher, Steine ...) einige passende aus. Gestalte mit den Materialien ein Bild dazu.
4. Wenn du fertig bist, fotografiere dein Bild. Du kannst auch noch etwas zu deinem Bild schreiben.
5. Du kannst dein Ergebnis vorstellen. Erzähle den anderen Kindern: Was zeigt dein Bild? Warum hast du diese Materialien gewählt?

M45 Psalmen-Reflexionskarte

Name: ______________________

Mein Psalmwort:

Ich habe dieses Psalmwort ausgewählt, weil ...

Diese Aufgabe war für mich ... ☺ 😐 ☹

Ich habe heute herausgefunden, dass ...

3. Literaturverzeichnis

Textquellen und Verweise

Abschied von Rune – Bilderbuch
Kaldhol, Marit: Abschied von Rune, Heinrich Ellermann Verlag, 16. Auflage, 1. Februar 1987

Die Psalmen wurden entnommen aus:
Luther Bibel (Exodus), revidierter Text 1984, durchgesehene Ausgabe © 1999 Deutsche Bibelgesellschaft, Stuttgart (www.bibelwissenschaft.de)

„Jemand stirbt" Benoit Marchon
Gedicht entnommen aus: Marchon, Benoit; Goffin, Jose: Ich möchte ganz still sitzen. Gedichte zum Beten. Verlag St. Gabriel Mödling, Wien 1988.

Weitere Literatur

Baldermann, Ingo: Wer hört mein Weinen? Kinder entdecken sich selbst in den Psalmen, 2008/2013.

Baldermann, Ingo: Auferstehung sehen lernen. Entdeckendes Lernen an biblischen Hoffnungstexten, 1999.

Bell, Anna: Oma ist jetzt ein Stern, stimmt's? Wenn ein geliebter Mensch im Leben eines Kindes plötzlich stirbt, 2014.

Butt, Christian: Kindertheologische Untersuchungen zu Auferstehungsvorstellungen von Grundschülerinnen und Grundschülern, 2009.

Canacakis, Jorgos: Trauer – „ein verlerntes Gefühl". in: Student, Johann-Christoph – Im Himmel welken keine Blumen. Kinder begegnen dem Tod 1992, S. 184.

Daum, Egbert: Kind und Tod. In: Grundschule (Heft 11) 2003.

Döngens, Katja/Jendorff, Bernhard: Das Thema „Tod" in religionsdidaktischer Perspektive. Beispiel: Primarstufe, in: Der evangelische Erzieher, 1993.

Feldmann, Klaus: Tod und Gesellschaft. Sozialwissenschaftliche Thanatologie im Überblick, 2004.

Finger, Gertraud: Mit Kindern trauern, 1998, S. 83

Geister, Andreas: Was zu einem geglückten Abschied gehört, 2008.

Georg, Jutta: Kinder erleben Tod und Trauer (Kurzfassung des Forums Kinder in Kirche und Gesellschaft der Deutschen Evangelischen Allianz 16./17. März 2007, S. 4.

Hennecke, Elisabeth: Ein Kind lernt mit dem Tod zu leben. Religionspädagogische Überlegungen zum Elternverlust, Essen, 1987.

Hieke, Thomas: Der Tod und seine Überwindung. Was die Bibel sagt, 2016.

Iskenius-Emmler, Hildegard: Psychologische Aspekte von Tod und Trauer bei Kindern und Jugendlichen, 1988.

Itze, Ulrike/Olieth, Martina: Tod und Leben. Mit Kindern in der Grundschule Hoffnung gestalten, 2002.

Kipenheuer, Kaspar: Kindliche Todesvorstellungen. In: Schindler, Regine: Tränen, die nach innen fließen. Mit Kindern dem Tod begegnen. Erlebnisberichte betroffener Kinder und Eltern, 1993.

Klaaßen, Anne: Teilrahmenplan (TRP) Evangelische Religion Grundschule Rheinland-Pfalz. Eine Lesehilfe in: Schöneberger Hefte 3/10.

Kluge, Friedrich: Etymologisches Wörterbuch des Duden.

Leßmann, B.: „Du bist Sonne und wärmst mich!" In Bildern der Psalmen Trost und Hoffnung finden. In: Grundschule Religion 4/2003.

Michel, Katrin (Hrsg.): Tod und Trauer in der Schule – Eine Handreichung, Trauernde Kinder Schleswig-Holstein (e. V.)

Oberthür, R.: Psalmwort-Kartei. In Bildworten der Bibel sich selbst entdecken.

Ohler, Annemarie: dtv-Atlas Bibel, 2011.

Petermann, Anna-Christina: Schulseelsorge – ein junges kirchliches Handlungsfeld im Schulalltag und in Krisenzeiten. Der Trauerkoffer – in der Trauer füreinander da sein: Neue Wege der evangelischen Schulseelsorge nach dem Tod eines Schülers, 2013.

Platow, Birte/Böcher, Florian (Hrsg.): Unter Mitarbeit von Sarah Balsing u. a.: Vom Tod reden im Religionsunterricht, 2010.

Plieth, Martina: Kind und Tod. Zum Umgang mit kindlichen Schreckensvorstellungen und Hoffnungsbildern, 2002.

Die Reli-Reise 3/4, Lehrerband, 2014.

Röseberg, Franziska/Müller, Monika (Hg.): Handbuch Kindertrauer. Die Begleitung von Kindern, Jugendlichen und ihren Familien, 2014.

Schröter, Juliane: Abschied nehmen: Veränderungen einer kommunikativen Kultur im 19. und 20. Jahrhundert, 2016.

Schwarz, Elisabeth: Die Entwicklung des kindlichen Sterblichkeitswissens. In: Loccumer Pelikan. Religionspädagogisches Magazin für Schule und Gemeinde, 4/2003.

Specht-Tomann, Monika/Tropper, Doris: Wir nehmen jetzt Abschied. Kinder und Jugendliche begegnen Sterben und Tod, 2013.

Spiecker-Verscharen, Ingun: Kindheit und Tod. Die Konfrontation mit dem Tod in der modernen Kinderliteratur, Frankfurt/Main, 1982.

Völlering, Brigitte: Sterben und Tod in Kinderzeichnungen. In: Grundschule 2003.

Von Braunmühl, Susanne: Das rote Taschentuch. Eine Unterrichtsreihe zum Thema Tod in: Grundschule Religion, Trauern & Trösten 4/2003.

Wicke, Michaela: „Sylvia van Ommen: Lakritzbonbons", Jenseitsvorstellungen von Kindern ins Gespräch bringen, Perspektiven für den Religionsunterricht, in: Freudenberger-Lötz (Hrsg.): Beiträge zur Kinder- und Jugendtheologie (Band 3), 2009.

Wittkowski, Joachim: Psychologie des Todes, 1990.

Internetseiten

Geister, Andreas: adieu. Was zu einem gelungenen Abschied gehört – Artikel auf: https://www.ojc.de/salzkorn/2008/abschied/dank-segen/

Tod und Auferstehen, aus: Material zu biblischen Themen (www.bibelwerk.de/Materialpool)

Falls es zu einem Trauerfall in Ihrer Schule kommt, empfiehlt sich folgende Handreichung, die Sie im PDF-Format im Internet finden:

Tod und Trauer in der Schule – Eine Handreichung von Katrin Michel (Hrsg.), – Trauernde Kinder Schleswig-Holstein (e. V.). Hier finden sich Informationen und Hilfestellungen zu folgenden Themen: Entwürfe für Elternbriefe, Rituale für den Umgang mit Trauer in der Schule/im Unterricht, Gedenktage und Erinnerungsarbeit etc.